असबाब-ए-वीरानी

असबाब-ए-वीरानी

रमेशचन्द्र शाह

वाणी प्रकाशन

वाणी प्रकाशन

'लोगो' वाणी प्रकाशन : मक़बूल फ़िदा हुसेन

वाणी प्रकाशन, 4695, 21-ए, दरियागंज, नयी दिल्ली-110002

वाणी प्रकाशन, अशोक राजपथ (पटना कॉलेज के सामने), पटना (बिहार)

ASBAB-E-VEERANI

by Rameshchandra Shah

Novel

ISBN : 978-93-5000-520-0

प्रथम संस्करण

मूल्य : 250/-

वाणी प्रकाशन

फोन : 0091#11#23273167, फोन व फैक्स 23275710

वेबसाइट : www.vaniprakashan.in

ई-मेल : vaniprakashan@gmail.com

जी.एस. ऑफसेट द्वारा दिल्ली-110032 में मुद्रित

अर्घ्य बसु के लिए
सस्नेह

एक ज़रूरी भूमिका

दारूका वन, जागेश्वर का यह छोटा सा फॉरेस्ट डाकबंगला मुझे बेहद रास आता है। मेरे ज़्यादातर उपन्यास यहीं लिखे गये हैं—मेरा मतलब, शुरुआत कम से कम उनकी यहीं हुई है : भला दो-चार दिन से ज़्यादा एक सरकारी डाकबंगले में आपको रहने कौन देगा! वैसे भी, ये डाकबंगले जंगलात महक़मे के अफ़सरों के लिए बनाये गये थे; न कि कहानी-उपन्यास लिखने वालों के लिए। अब, यह बात दूसरी है कि यहाँ जोंकें बहुत हैं, जिनके डर के मारे कोई यहाँ एकाध दिन से ज़्यादा टिकता नहीं—वह भी, जब और कोई चारा न हो, तभी। टूरिस्ट यहाँ कम ही आते हैं : ग्यारहवीं शती के बने कुछ मन्दिर हैं यहाँ, उन्हीं को देखने आते हैं और देखकर तुरन्त लौट भी जाते हैं। ज़्यादातर लोग धार्मिक प्रयोजन से आते हैं : मृत्युंजय महाकाल के मन्दिर के गर्भगृह में मृत्युंजय-जाप करवाने : उन्हें भी यहाँ रात बिताने की कोई जरूरत नहीं : बस एक दिन के भीतर ही उनका प्रयोजन सिद्ध हो जाता है। पता नहीं सिद्ध होता भी है कि नहीं; पर होता ही होगा। नहीं तो इतना माहात्म्य इस मन्दिर का चारों तरफ कैसे फैलता? तभी तो सारे उत्तराखंडी—जो दुनिया-जहान में बिखरे पड़े हैं, सभी, सुना, ज़िंदगी में एक बार तो कम से कम यहाँ आते ही हैं : मृत्युंजय जाप करवाने।

मैं तो अपनी जानता हूँ : मेरा प्रयोजन तो हमेशा ही सिद्ध होता रहा है यहाँ। साल में दो-तीन बार,...नहीं तो एकाध चक्कर तो लग ही जाता रहा है मेरा। अब तो यहाँ का डी.एफ.ओ. भी मेरा पुराना क्लासफेलो निकल आया है। सो, कोई दिक्कत नहीं आरक्षण

की। जितने दिन चाहूँ, बेखटके रह सकता हूँ, पर, जब नहीं थी यह सुविधा, तब भी मुझे कोई खास दिक्कत नहीं हुई—इन जोंकों की मेहरबानी से। इन सर्वव्यापी जोंकों के बीचोबीच, न सही सर्वथा अक्षत-अनाहत,—परन्तु काफी कुछ सुरक्षित और निर्विघ्न रहे आने की सिद्धि सिर्फ एक मुझी को हाथ लगी है—इतना तो मैं कह ही सकता हूँ।

पर...मेरा यह सहचर—नहीं, नहीं, अनुचर,—खुफिया विभाग की भाषा में जिसके लिए 'शैडो' लफ़्ज इस्तेमाल किया जाता है,—वह? क्या उसे भी मेरी तरह अभयदान मिला हुआ है, इस सर्वव्यापी जोंक-बिरादरी से?

यह डायरी—या कह लीजिए डायरीनुमा कहानी—मुझे इसी डाकबंगले की मेज पर पड़ी मिली थी—आज से कोई साल भर पहले। मज़े की बात यह कि इसमें हालाँकि कई स्थानों के नाम दर्ज़ हैं, पर उनमें 'दारूकावन, जागेश्वर' कहीं नहीं। जबकि खुद लेखक के कथनानुसार, वह यहाँ अक्सर आता रहा है—वह भी मेरे ठीक आगे या ठीक पीछे। यह भी कि उसे यह डाकबंगला उतना ही प्रिय है, जितना मुझे।

इसका क्या मतलब हुआ? सबसे ज्यादा जिस जगह का नाम आया है इस डायरी में, वह है ' अचानकमार'। जो मेरे डी.एफ.ओ. दोस्त ने मुझे बताया, मध्यप्रदेश में, यानी अब आज के छत्तीसगढ़ के बिलासपुर जिले में है और खासा बड़ा अभयारण्य है। एक-दो जगह 'अमरकंटक' भी लिखा हुआ है। इसके अलावा भी कुछ नाम हैं, अभयारण्यों के ही, जैसे 'सरिस्का', 'कान्हा-किसली' : पर वे तो मध्यप्रदेश और राजस्थान से ताल्लुक़ रखते हैं। उत्तराखंड के नाम पर तो सिर्फ देहरादून का ज़िक्र आया है, जहाँ के विख्यात 'फॉरेस्ट रिसर्च इंस्टीट्यूट' से इन महाशय का खासा लगाव और जुड़ाव भी रहा लगता है।

मज़े की बात यह भी है कि इस डायरी में आयी कुछ बातों से थोड़ा मिलता-जुलता वह वृत्तान्त था जो मुझे दिल्ली-उदयपुर के बीच की एक लम्बी रेल-यात्रा के दौरान मिले एक सहयात्री से सुनने को मिला था। कितना अजीब है यह, कि जो बात आप अपने किसी घनिष्ठ से घनिष्ठ मित्र या सगे-सम्बन्धी से भी शायद नहीं कह पाते, उसी का साझा आप एक ऐसे नितान्त अजनबी आदमी से कर बैठें—जिसे न तो आपने उस क्षण से पूर्व कभी देखा, न बाद में कभी देखेंगे। परन्तु...क्या पता, यही कारण हो किसी के इस क़दर विश्वासपात्र बन जाने का! बग़ैर किसी अतीत और बग़ैर किसी भविष्य का—दोनों से अछूता निरा निखालिस वर्तमान ही ऐसे लोगों को शायद सर्वथा सुरक्षित और निरापद लगता होगा। वही उन्हें इस तरह एक अजनबी के सामने अपने-आप को उँड़ेल देने को प्रेरित कर देता होगा।

मेरा वह सहयात्री अर्द्धरात्रि में ही कहीं किसी स्टेशन पर उतर गया था। उसका नाम-धाम तक पूछने की नौबत आये, इससे पहले ही। उसका चेहरा-मोहरा, हाव-भाव भर...मेरी याददाश्त में उभर रहे हैं। पर जिस तरह की छाप—बड़ी तगड़ी छाप—उस चरित्र की मुझ पर पड़ी थी—उसके साथ इस डायरी के लेखक का पूरा ताल-मेल नहीं बैठता। यूँ पक्के तौर पर कुछ भी नहीं कहा जा सकता, इस सम्भावना के पक्ष या विपक्ष में; हालाँकि एक बात कॉमन है : वह भी इस डायरी के मालिक की ही तरह जंगलात महकमे का ही कोई आला अफसर था। राजस्थान कैडर का। मगर मेरे डी.एफ.ओ. दोस्त का कहना है कि अतिविशिष्ट प्रतिभा और योगदान वालों को ऑन डेपुटेशन कहीं भी नियुक्त किया जा सकता है—जहाँ भी उनकी ज़रूरत पड़ जाय। तो...क्या पता वही हो! मैं कुछ कह नहीं सकता।

परन्तु...यह सवाल...आप भी मुझसे पूछने ही वाले होंगे...कि वह जो भी हो—इस डायरी का मालिक—उसने ऐसा कैसे सोच

लिया कि अपने जिस सामान को वह इस क़दर गुमनामी के हवाले करके जा रहा है वह गुम नहीं होगी बल्कि मेरे जैसे किसी लेखकनुमा आदमी के हाथ पड़ जाएगी जो उसे गुमनामी से उबार लेगा?

तो...लीजिए, पहले आप इस चिट्ठी को ही पढ़ लीजिए—जो किसी के नाम नहीं, जिस पर कोई दस्तखत भी नहीं...और, जो मुझे इसी डायरी के भीतर रक्खी मिली।

मेरे अनन्य लेखक-बन्धु !

यह चिट्ठी, यह डायरी, यह कथा—जो भी आप इसे समझें—अब मेरी नहीं, आपकी है।

कैसे? क्योंकर?...यही न आप पूछ रहे हैं! यह मेरे बताने की बात नहीं है। आप खुद जानते हैं; नहीं जानते, तो जान लेंगे।

आप भी मेरी ही तरह एक साधारण—और अपनी साधारणता में ही असाधारण—मनुष्य हैं। पर मुझमें-आपमें एक फर्क है। आप लेखक हैं; मैं लेखक नहीं हूँ। पर, परिस्थितिवश जीवन में पहली और आखिरी बार लेखक होने का अभिनय करना पड़ रहा है मुझे—एक ऐसे नाटक में, जिसकी 'स्क्रिप्ट' मैंने नहीं लिखी। न आपने।

चाहता हूँ आप मेरे इस अभिनय को—यानी मेरे इस लिखे हुए को दोबारा लिख दें। मुझे मेरी सही जगह बिठा दें।

यह आप ही कर सकते हैं। क्योंकि आप लेखक हैं। न केवल अपने पात्रों की परिस्थिति से, बल्कि उनकी नियति से भी मौलिक बदला ले सकते हैं। उनसे वह सब भी कहला और करवा सकते हैं, जो वे अभागे—जैसी भी, जो भी ज़िन्दगी जैसी भी शर्तों पर, उन्हें मिली थी—उसे देखते हुए नहीं कह सकते थे, नहीं कर सकते थे। आपके लेखक होने की उपयोगिता या सार्थकता ही इसी में न है कि आप हमारे जैसे लोगों के भी अन्तर्यामी और घट-घटवासी बन

सकते हैं : और बन ही जाते हैं अक़्सर...।

लिखना शुरू किया था, तब तो इस तरह की बात बिलकुल नहीं आयी थी मेरे मन में; पर अब एकाएक समझ में आ रहा है कि पहली ही चिट्ठी जो आप इस किस्से की शुरुआत में ही पढ़ेंगे, वह भी दरअसल, मैंने अपने अनजाने में, आपको ही लिखी थी। आखिर आप मेरे लिए भला किस परवरदिगार, किस विधाता से कम हैं!

मैं फिर से दोहराता हूँ : यह डायरी अब मेरी नहीं, आपकी है। आप ही इसका जैसा जो भी उपयोग करना चाहें, करें। आपकी हर करतूत छपते ही मेरे कब्ज़े में आ जाती है। ऐसा निष्ठावान् पाठक आपका शायद ही कोई और हो। आपके नज़दीकी लेखक-मित्र भी नहीं; क्योंकि वे लेखक पहले हैं, मित्र बाद में। आपके अनन्य वे कभी नहीं हो सकते। जो भी हो, मुझे पक्का भरोसा है कि यह आपके काम की चीज़ है।

अब, जहाँ तक मेरे काम की, मेरे अपने मतलब की बात है, वह मतलब तो इसके लिखे जाने के साथ ही पूरा हो गया था। यानी मुझे कुछ तो राहत मिली ही होगी। 'होगी'-मैं कह रहा हूँ इसी से जाहिर है, नहीं हुई। तभी न, आपकी शरण में आना पड़ा। आपके हाथों—मेरा इसी शरीर और इसी मन के साथ पुनर्जन्म होगा, तभी न मुझे छुटकारे की अनुभूति होगी?

क्योंकि, आप इसी लोक के ब्रह्मा हैं : किसी सातवें आसमान के नहीं। लीजिए, आप मेरी इस चिट्ठी की मिट्टी को फिर से सानिए, फिर से गढ़िए, फिर से पकाइए। मुझे आपके चाक और आपकी भट्ठी की सारी शर्तें मंजूर हैं।

बेशक, मेरी आपबीती आपकी आपबीती नहीं। परन्तु...वह लेखक ही क्या, जिसे किसी और की आपबीती भी अपनी ही आपबीती सरीखी न लगे।

नहीं! आप मुझे बिलकुल नहीं जानते। पर मैं तो आपको बखूबी जानता हूँ न! आपका लिखा सभी कुछ तो पढ़ चुका हूँ। इसे

महज़ एक संयोग भर समझें कि मैं आपके बारे में कुछ और बातें भी अनायास जान गया हूँ; जैसे यही कि यह डाक बँगला आपको भी उतना ही पसन्द है जितना मुझे : एकाध मरतबा तो ऐसा भी इत्तफ़ाक हुआ कि इधर आप गये और उधर मैं यहाँ आया। पर इस इत्तफ़ाक के अलावा भी एक और घटना ऐसी है, जिसे सुनकर आप आश्चर्यचकित हो जाएँगे; और वह यह कि यह जो लेटेस्ट उपन्यास आपका छपा है, उसका पहला-पहला प्रारूप, जो या तो आपने यहीं इसी कमरे में बैठके लिखा था, या फिर जिसे आपने यहाँ दोबारा लिखा होगा—वह पहला प्रारूप आप रद्द करके यहीं फेंक गये। चूँकि आपके जाने के तुरन्त बाद मेरा यहाँ आना हुआ, इसलिए वह मेरे हाथ लग गया। आपकी वह रद्दी अब मेरी संपत्ति है। उसे पढ़कर मुझे आपके तौर-तरीक़ों का कुछ ऐसा भेद भी हाथ लगा जो अभी तक आपके किसी भी पाठक को हाथ नहीं लगा होगा। डायरी के रूप में लिखी वह प्रेमकथा अब आपके इस प्रकाशित उपन्यास तक आते-आते आमूलचूल बदल गयी है। यूँ तो आपके सभी उपन्यास मैंने बड़े मनोयोग से पढ़े हैं, पर इसकी बात कुछ और है : इसका मूल भी और यह लेटेस्ट अवतार भी मैं कई-कई बार बाँच गया हूँ। बाँचने को मैं अंतर्विवश हो गया क्योंकि पहली बार मेरे सामने यह भेद इस तरह उजागर हुआ कि लेखक वह है जो अपनी ही रची दुनिया को बदल सकता है, रद्द कर सकता है या कि मनचाही तोड़-फोड़ करके उसे पहले से बेहतर बना सकता है। यऽनी कि वह इस दुनिया के सिरजनहार से भी एक क़दम आगे है। क्योंकि महज़ बनाने और बनाकर अपनी सृष्टि को भूल जाने वाले से उसका दरजा कहीं ज्यादा ऊँचा है जो अपने बनाये हुए को फिर से बना सकता है। यानी बिगड़ी हुई को भी बनाना जानता है।

कहने का मतलब यह कि आपका वह 'रफ़ ड्राफ्ट' पढ़कर मैं आपके साथ ऐसा ख़ासुलख़ास रिश्ता महसूस करने लगा हूँ जैसा कि मैंने और किसी लेखक के साथ—और किसी के क्या, खुद

आपके साथ भी पहले कभी महसूस नहीं किया था। इसलिए, कि अब आपके दोनों रूप मेरे सामने हैं : जो कच्चा था, अनगढ़, अनसँवरा और इसीलिए किसी को दिखाने लायक़ नहीं था, वह रूप भी; और यह भी, जो पक्का, परिष्कृत और सबके लिए उपयोज्य 'फाइनल प्रॉडक्ट' है, वह भी। तो, इस प्रकार, हे मेरे लेखक-बन्धु, आप मेरी स्पृहा और ईर्ष्या के पात्र हैं, और मैं केवल आपकी सहानुभूति और कृपा का। आप समझे ना मेरी बात?

अब, आपकी तरह मैं तो इसे कूड़े में नहीं फेंक सकता क्योंकि मेरे पास इसका कोई बेहतर प्रारूप नहीं है। जो है, उससे बेहतर चाहिए, यही ना? और वही तो हुआ आपका फाइनल प्रारूप। पर मुझमें वैसी सामर्थ्य कहाँ! मैं और कर ही क्या सकता हूँ सिवा इस कच्चे चिट्ठे को आपको सौंप देने के? अब आप ही इसे फाइनल करें। मैंने कहा ना, कि मैं जो भी कर सकता था, वह मैंने किया। पर अपने जिस भोगे हुए से सचमुच उबर आने का जैसा अनुभव होता होगा, आप सरीखे लेखकों को, वैसा मुझे नहीं लगता, मुझे हो पाया है। तो एक ही उपाय सूझ रहा है, इससे पूरी तरह मुक्त होने का। और वह यही है : इसे आपको सौंप देना। मैं तो अब बैरागी हूँ : गृहस्थ बैरागी, जो अपने बैराग में भी उतना ही अकेला है, जितना अपने राग में था। थोड़ा लिखा बहुत समझना—आप अपनी ही तरह के सर्वज्ञ हैं, आपसे क्या छुपाना! मेरे बैराग में, या कह लीजिए, मेरी मुक्ति में जो भी क़सर रह गयी होगी, वह आप पूरी कर देंगे—इसी आशा और दुराशा के साथ,

आपका

अनामगिरि

मेरे ग़मख़ाने की क़िस्मत जब रक़म होने लगी
लिख दिया मिन्जुमल-ए-असबाबे वीरानी मुझे

—ग़ालिब

अध्याय एक

परवरदिगार,

तुम्हें हाज़िर-नाज़िर जानकर—नहीं, मानकर—मैं अपनी उम्र के उनसठवें वर्ष की दहलीज़ पर ठिठका एक बूढ़ा बच्चा तुमसे कुछ अर्ज करना चाह रहा हूँ। क्या? ...यह तो मैं तुमसे अर्ज़ करते-करते ही जान पाऊँ शायद, तो जान पाऊँ।...

क्योंकि, एक तरफ़ तो मुझे लगता है, तुम्हीं मेरा अन्न-जल हो; तुम्हीं मेरी यह आती-जाती साँस हो; और दूसरी तरफ़—सच कहूँ तो, मुझे इसका भी भरोसा नहीं, कि तुम भी मेरी पुकार सुन ही लोगे।

फिर भी...मैं बिना किसी भरोसे के, बिना किसी उम्मीद के, तुम्हें पुकार लगा रहा हूँ, तो खुद अपनी आवाज़ को सुन पाने के लिए ही। तुम सुन रहे हो? ...सुनो, न सुनो, इससे मुझे क्या फ़र्क पड़ना है! सच-सच कहूँ, तो तुम्हारे होने-न-होने से भी मुझे कोई फ़र्क नहीं पड़ता। इससे भी नहीं, कि यह बात ठीक इस तरह खुद मेरी कही हुई है कि, किसी और की? फिलहाल, फिलवक़्त, वह मेरी ही बात है, इतना ही काफी है।

और...वह यह,...कि,...

"परमात्मा-परवरदिग़ार ही एक ऐसी शै है, जिसे पुकारने की—यहाँ तक कि,—जिस पर विश्वास करने की तलब भी उसके होने-न होने पर कदापि निर्भर नहीं है।"

क्यों अचानक, एकबारगी मुझ पर यह इलहाम सरीखा आ टूटा, मैं नहीं जानता। यही कि तुम्हीं मुझसे उचरवा सकते हो;

तुम्हीं—हाँ तुम्हीं—मुझसे कहलवा लेने वाले हो—वह सब, जो जाने कब से मुझे घोंट रहा है।

कैसे? यह मैं कैसे बताऊँ? मुझे अपने मुँह में अचानक एक ऐसी ज़ीभ के खुलने और घुलने का अहसास हो रहा है जो मेरी अपनी जीभ नहीं लगती। अपनी ही जीभ का स्वाद आदमी कैसे चखेगा? यह तो किसी और की जीभ है जो मेरे मुँह में दाखिल हो गयी है। कुछ इस तरह, जैसे वह मेरे ही मुँह में उगी हो, मेरी ही हो गयी हो; कुछ इस तरह, मानो उसी ने मेरे मुँह में पैठकर मेरी अपनी जीभ को, चूस लिया हो, निगल लिया हो। मैं न तो यह कह सकता हूँ कि यह मेरी ही जीभ है; न यही कि यह मेरी नहीं, किसी और की जीभ है।

...और, वह बोलना चाहती है—मुझसे कुछ बुलवाना चाहती है। दोनों एक ही बात है।

....

...तो फिर...बोलने ही दूँ ना उसे...इस दो-रसा जीभ को—जो भी वह बोलना चाहती है तुमसे। हाँ, परवरदिगार, तुम्हीं से!

अध्याय दो

यह किसी पागल के प्रलाप जैसा लग सकता है, पर है नहीं। मुझ पर थोड़ा भरोसा रक्खें—मैं भरोसेमन्द आदमी हूँ, थोड़ा अक़्लमन्द भी—इतना अक़्लमन्द, कि मुझे अक़्सर दूसरों के मन के भीतर चलनेवाली बातें भी साफ़ सुनायी देने लगती हैं—वे दूसरे चाहे मेरे अन्नदाता हों; चाहे दुश्मन। शोर ही शोर मचा रहता है मेरे भीतर आजकल;...तरह-तरह की आवाज़ों का। और उस शोर में मेरी अपनी आवाज़, मेरी अपनी अक़्ल ही जैसे गुम हो गयी है। तभी तो, अक़्लमन्दों को जिस तरह अपनी अक़्ल पर भरोसा होता है, उस तरह का भरोसा मुझे नहीं हो पा रहा। भरोसा था; अभी कुछ ही समय पहले तक पक्का—पूरा भरोसा था; पर अब जाने उसे कौन उड़ा ले गया है। तो बस उसी को वापस लौटा लाने की खातिर मैं जिसको-तिसको टेर रहा हूँ कि मुझे मेरी आवाज़, मेरी अक़्ल वापस ला दो। जल्द से जल्द,...क्योंकि मैं जानता हूँ कि मेरे पास अब बहुत ज़्यादा वक़्त नहीं बचा। अपना हर दिन मुझे अपना आखिरी दिन लगने लगा है और हर साँस आखिरी साँस...

ऐसा पहले कभी नहीं हुआ था। मेरे जीने में—रोज़मर्रा के जीने में ही—जाने कहाँ से और कैसे अचानक यह मृत्यु का स्वाद आ घुला है। कुछ इस तरह कि मेरे लिए दोनों को एक-दूसरे से अलगा पाना ही कठिन हो गया है।

सचमुच ही मुझे लगने लगा है कि मेरे पास वक़्त बहुत कम बचा है। हालाँकि मेरी सेहत बिलकुल ठीक-ठाक है; हालाँकि मेरा दुश्मन

भी मुझ पर यह आरोप नहीं लगा सकता कि मैंने अपना वक़्त फालतू कामों में बरबाद किया। मेरा शुमार—मैं समझता हूँ—उन थोड़े से लोगों में होना चाहिए, जिन्हें 'सेल्फ़-मेड' कहा जाता है। तब फिर उम्र के इस पड़ाव पर मुझे चैन क्यों नहीं है? क्या नहीं मिला मुझे? जो बहुतों के नसीब में नहीं होता, वह सभी कुछ तो मैंने हासिल किया—ऊँची तालीम, ऊँचा ओहदा, और हर तरह की सम्पन्नता...जो मैंने खुद अपनी काबिलियत और हाड़-तोड़ मेहनत के जरिये हासिल की। किसी की सिफ़ारिश या कृपा से नहीं, खुद अपने बूते। कहाँ मिलेगा आपको ऐसा अक्लमन्द और हुनरमन्द आदमी, जिसे उसकी अन्नदाता सरकार रिटायरमेंट के बाद भी सिर-आँखों पर बिठाये रखना चाहती है! चिरौरी की जा रही है जिसकी कभी से, कि...

> ...आप अभी भी हमारे बहुत काम के हैं। कम से कम दो-तीन बरस और—सेवा-निवृत्ति के बाद भी—आपकी सेवाएँ हमें चाहिए। आप चोटी के वानिकी-विशेषज्ञ ही नहीं, कुशल प्रशासक भी हैं। तिस पर आज के सबसे तरोताज़ा, सबसे दुर्लभ और सबसे बेशकीमती ज्ञान—पर्यावरण-विज्ञान की भी—ऐसी पकड़ आपने हासिल की है, तमाम देशी और विदेशी स्रोतों तक अपनी सीधी पहुँच बनाकर कि समूचे वन-विभाग में ही नहीं, इस नये-नये इल्म के और तमाम दावेदारों के बीच भी आपसे टक्कर लेने वाला कोई नहीं। इस मानी में भी आप की तरह हमारे महक़मे का नाम इस मुल्क़ में ही क्यों, सारी दुनिया में रौशन करने वाला और भला कौन है—आप ही बताइए। अभी दुनिया को इसका गुण-ज्ञान जितना होना चाहिए, उतना बिलकुल नहीं है : आप हमेशा दूसरों को आगे करके खुद पृष्ठभूमि में दुबके

रहने वाले—हद दरजे की 'लो-प्रोफाइल' मेंटेन करने वाले—आदमी रहे हैं शुरू से ही, इस बात को कौन नहीं जानता! जानने वाले जानते ही हैं। पर, जनाब...हमारे हिसाब से यह बिलकुल ठीक नहीं है। हम आपको चोटी पर चमकते-दमकते देखना चाहते हैं ताकि दुनिया भी आपका जलवा देखे और क़बूल करे। इसीलिए तो हम आपके पीछे पड़े हुए हैं कि अभी आप हमको छोड़कर ना जाएँ—कम से कम तीनेक साल और इसी महक़मे में रहे आयें ताकि आपकी असली महिमा उजागर हो दुनिया के सामने और हमें भी इसका कुछ श्रेय मिले।...

और...आखिर, इतनी जल्दी घर बैठके आप करेंगे भी क्या? माना, आप उच्चतम पद पर पहुँच के रिटायर होने जा रहे हैं। मगर...सच मानिये, इस मुल्क में रिटायर्ड आदमी को कोई नहीं पूछता। अगले ही दिन आप पाएँगे कि वही लोग, जो दिन-रात आपके पीछे घूमा करते थे, वही अब आपको नहीं पहचानते। लोग भूल गये हैं कि आप कौन हैं और क्या हैं? भूलने के इस लाइलाज रोग की बस यही एक दवा है हमारे यहाँ—'पावर...पावर...पावर'। जिस दिन आपने इस 'पावर' की तरफ़ अपनी पीठ फेरी, बस उसी दिन आप काम से गये। यहाँ कौन जामवन्त बैठा है जो आपको मीडियाकरों के इस जुलूस से अलग पहचनवाएगा और बतायेगा खुद आपको और सारी दुनिया को, कि आप कौन हैं और क्या कर सकते हैं।

खुदा का शुकर है कि आपकी सेहत भी अभी तो बिलकुल ठीक-ठाक है और ठीक-ठाक रही आये आगे भी, इसके लिए भी आपका कुछ बरस और अपने पद पर बने रहना और अपने मनचाहे काम में लगे रहना किस क़दर ज़रूरी है, यह खुद आपसे ज्यादा कौन समझ सकता है! अपनी ही बनायी

दुनिया से इस तरह एकबारगी अपने को एक ही झटके में अलग कर लेना क्या समझदारी की बात है? पारिवारिक दायित्व भी आप सब निपटा चुके : लड़का-लड़की दोनों अपने-अपने काम-धंधों में लग चुके। बीवी है, सो अपने समाज-सेवी कार्यकलापों में पूरी तरह व्यस्त और मगन। आप इस तरह अचानक सब छोड़-छाड़ कर घर बैठ जाएँ, यह तो वो भी नहीं चाहेंगी। वैसे भी उन्हें फुरसत कहाँ है जो आपको चौबीस घंटा 'कम्पनी' दें। और...यूँ भी, माफ़ कीजिएगा, उनको आपकी या आपको उनकी कम्पनी की कोई खास दरकार कभी रही हो, ऐसा तो लगता नहीं। तो फिर अकेले सुनसान इतनी बड़ी कोठी में आप कैसे वक़्त बिताइएगा? अपने चुने हुए व्यवसाय के दायरे में, बल्कि उसके परे भी आपने जितना पढ़ना-लिखना था, वो सब पढ़-लिख लिया। इतना सारा कि अपनी उस विशेषज्ञता से भी ऊब और अघाकर अब आप पिछले कुछ बरसों से लिटरेचर और फिलासफी में भी–बजरिये पर्यावरण–दख़ल देने लगे हैं। तो देते रहिये ना दख़ल; आपको रोकता कौन है? करिये आप, अपना यह शौक भी शौक से पूरा करिये। मगर जनाब, अब जाकर तो मौक़ा मिला है आपको अपनी उम्र भर की तपस्या का सुफल भोगने का। शोहरत जो भी आपने कमायी है अब तक, उसे चोटी पर चमकाने का। वैसे भी, आपने देखा है कभी अपने किसी 'कलीग' को वक़्त पर रिटायर होते? आखिरी-आखिरी बूँद तक न निचोड़ लें, तब तक कोई भी अपनी मर्जी से अपनी कुरसी छोड़ता है इस मुल्क में? तब फिर आप ही उल्टी गंगा बहाने पर क्यों तुले हैं? एक हम हैं जो आपको कम से कम तीन साल और एक्सटेंशन देना चाहते हैं और एक आप हैं जो सेवा-निवृत्ति से पहले ही सेवा-निवृत्त हो जाने पर आमादा हैं।

अब, जहाँ तक आपके 'इमोशनल प्रॉब्लेम्ज़' का सवाल है, उन्हें भी आप जैसे जिस तरह अभी तक निपटाते रहे हैं, वैसे ही आगे भी निपटाते रह सकते हैं। इसमें समय से पूर्व ही सेवा-निवृत्त हो जाने की, या सेवा-निवृत्ति के बाद भी जो ओहदे और तमग़े आपका इन्तजार कर रहे हैं, उन्हें ठुकराने की बात कहाँ से आ गयी? उल्टे, इससे तो आपकी परेशानियाँ ही बढ़ेंगी। यह जो हैरतअंगेज प्रेम-प्रसंग आप पर इस वानप्रस्थाश्रम की दहलीज़ पर ही आ टूटा है, उसका क्या होगा—आपने कभी सोचा? अभी तक तो आप आठ-आठ घंटे घर की चहारदिवारी से बाहर ही बिताने के अभ्यस्त रहे हैं। सेवा-निवृत्ति के बाद भी जो नया एक ओहदा आप पर निछावर किया जाने वाला है, उसमें भी आपको छूट ही छूट है, मोहलत ही मोहलत है—चाहे जितना और जब भी, जहाँ भी इस मुल्क के अभयारण्यों में या अन्यत्र भी बेखटके चरने और विचरने की। जहाँ एक बार आपने 'हाउस इंप्रिज़नमेंट' मोल ले लिया...वह आज़ादी तो गयी। तरसते रह जाएँगे आप उसके लिए। प्रेयसी-मिलन उस हालत में कहाँ और कैसे होगा—आपने कभी सोचा?

माना, हमने माना, कि...आपकी श्रीमतीजी उस तरह आपके ऊपर कोई पहरा नहीं बिठातीं; माना वे खुद पूरी दोपहर और कभी-कभी तो पूरी शाम भी घर से बाहर ही बिताती रही हैं; माना, वे आपकी रंगीन तबीयत से उस तरह निहायत नावाकिफ़ भी नहीं; माना, आपकी यह कमज़ोरी उन्हें मन ही मन चाहे जितनी खटकती रही हो, वे अभी तक इसे ज़्यादा तूल भी कभी नहीं दे पायीं क्योंकि कहीं न कहीं उन्हें खुद अपनी कमियों का भी कुछ न कुछ तो अहसास रहा ही

होगा, जिसके चलते वे आपके इस पोशीदा पहलू की तरफ़ से आँखें मूँदें रहने में ही आपकी और अपने पूरे कुटुम्ब की कुशल समझती रही होंगी। फिर भी,...इस आँखें मूँदे रहने की भी कोई तो सीमा होती ही होगी ना? जिसे आपने भी अपने होशोहवास में कभी भूलकर भी लाँघना नहीं चाहा होगा। नहीं?

मगर...अब जो...अभी हाल इतना बड़ा बवंडर आपकी निजी ज़िन्दगी में उथल-पुथल मचाने उठ खड़ा हुआ है, इसकी तो हमारे खयाल से, उन्हें भी भनक नहीं लग पायी है। अभी तक जो भी छूटें आपने ली होंगी या लेना चाही होंगी, वे तो इस बवंडर की तुलना में कहीं ठहरती ही नहीं—उन्हें तो छूट या स्खलन या प्रमाद कहना भी शायद मुनासिब न होगा : आपकी ज़िंदादिली के उन नमूनों को। परन्तु अब अचानक यह जो सिलसिला आपके जाने-अनजाने चल निकला है... और—खुदा खैर करे—लक्षण तो ऐसे दिखायी दे रहे हैं कि क़यामत के दिन तक जारी रहने वाला है—इसका आप क्या करेंगे? यह तो बेइन्तहा सीरियस और जानलेवा किस्म का मामला है। जितनी उदारता या अनदेखी का अभ्यास अभी तक आपकी श्रीमतीजी को रहा होगा, उसे भी एकदम ही नाकाफ़ी और आत्मघाती तक ठहरा देने वाला!!!

श्रीमान् ! कोई भी,...कैसी भी स्त्री क्यों न हो इस दुनिया की—चाहे फिर भले ही वह पौराणिकों की भी पौराणिक और आधुनिकों की भी आधुनिका क्यों न हो, अपने जीवन-साथी की इस तरह की बदहवास हरकतों को कभी भी पचा नहीं सकती। क्योंकि यह तो सीधे-सीधे उसके 'स्त्री' होने का ही खुल्लमखुल्ला अस्वीकार है। ज़रा आप पहले खुद को उनकी जगह पे तो रखके देखिए—जो, हमें पता है, आपके बूते का काम नहीं है क़त्तई। मगर...क्यों नहीं है? और क्यों नहीं

होना चाहिए? अपनी अक़्लमन्दी पर आपको अभिमान है और वह वाजिब ही है; मगर अक़्लमन्द होने की जो कीमत चुकानी होती है इस मुल्क में–इस मुल्क में क्या, समूची दुनिया में–वह आप चुकाएँगे कि नहीं चुकाएँगे?

ठीक है, थोड़ी-बहुत चुकायी तो है आपने–आपको बोलने की जरूरत नहीं–मैं अब 'हम' नहीं, 'मैं' बोल रहा हूँ–आपका 'भोक्ता' नहीं, 'साक्षी'। खासकर आपके सबसे ज़िंदा और जागृत पलों का भी साक्षी।...मुझसे ज़्यादा सहानुभूति आपके प्रति भला और किसकी हो सकती है? मैं न तो आपकी बीवी, न प्रेयसी, न आपका दोस्त, फिर भी मुझसे ज़्यादा आपकी असलियत को कौन जानेगा? मुझे पता है जीवन के इस मोड़ पर आपने कभी सोचा तक न होगा कि इस क़दर अपूर्वानुमेय और अविश्वसनीय घटना आपके साथ घटने वाली है। जैसी स्त्री का आप अपने भीतर के भी भीतर कभी सपना भर देखते रहे होंगे और जिस सपने को आपने अपने जाने कब का किस पाताल् में दफना दिया था, ठीक वैसी ही–बल्कि उससे भी कई गुना विलक्षण स्त्री का इस क़दर पगला और पगला देने वाला प्यार आप पर आसमान से आ टूटेगा–क्या आपने कभी सोचा? वह भी कैसी परिस्थिति और परिवेश में! जिसकी कैसा भी बड़े से बड़ा किस्सागो तक कभी कल्पना भी नहीं कर सकता।...

परन्तु...हड़बड़ी मचाने की जरूरत नहीं। चलिए, शुरू से शुरू करें।

अध्याय तीन

उसने कहा था–'जीवन काव्य है।' मैंने कहा था–'जीवन उपन्यास है'। क्या वह अब भी वहीं अपनी उसी टेक पर क़ायम होगी?

कितना कम बोलती थी वह शुरू-शुरू के दिनों में! मुझी को बकाती रहती थी। वह श्रोता थी, मैं ही वक्ता। बस कभी-कभी ही हमारी भूमिकाएँ आपस में बदल जाया करती थीं। धीरे-धीरे ही खुलने वाला चरित्र थी वह। परन्तु...जब खुलना, तो ऐसे खुलना...ऐसे खिल आना...जैसे सहस्रदल कमल!

वह सूत्रों में बोलती थी...'आइ हेट ऐम्बिशस पीपल'[1]...और हाँ, यह भी कि...'देयर इज़ समथिंग इन्क्योरेब्ली वल्गर अबाउट ऐम्बिशन'[2]...। मैं ठहरा वन-विभाग का उच्च अधिकारी। और उसका पति–मेरा मुरीद–उसी विभाग का एक आला अफसर। दोनों ही महत्त्वाकांक्षी अपने-अपने ढंग से। क्यों उस दिन मुझे लगा था जैसे वह जुमला उसने मुझी पर रसीद कर दिया हो? कितनी बहस की थी उससे मैंने! किस क़दर लताड़ा था उसे! कैसे नहीं लताड़ता! मैं 'ऐम्बिशस' नहीं होता, तो मेरा क्या होता! 'ऐम्बिशन' ने ही तो मुझे उस गड्ढे से बाहर निकाला था और, उस हद तक न सही, कुछ हद तक यही बात क्या उसके पति नीतीश पर भी लागू नहीं होती थी?

मगर...फिर उससे बहस करते हुए–उसकी चुप्पी से–मुझे क्यों लगता रहा था लगातार, कि मैं एक हारी हुई लड़ाई लड़ रहा

---

1. महत्त्वाकांक्षी लोगों से मुझे घोर वितृष्णा होती है।
2. हर महत्त्वाकांक्षा की जड़ में एक लाइलाज़ घटियापन होता है।

हूँ? ...कि, उसी का पक्ष सही है; मेरा नहीं।

और वह दूसरा सूत्र क्या था उसका—उस समूची इकतर्फा बहस पर पटाक्षेप करता हुआ...?

'ऐम्बिशन कम्स व्हैन अर्ली फोर्स इज़ स्पैण्ट'[1]...

"यह मेरी नहीं, किसी और की कही बात है—बहुत बड़े कवि की।" उसने कहा था। "और...यह आप पर लागू नहीं होती। आप बेफिक्र रहें।"

उसका मतलब,...जो उसने अनकहा छोड़ दिया...यह था कि "इत्ती देर तक आप व्यर्थ ही, अनर्गल बौखलाते रहे। मैं नहीं जानती थी आप इस तरह 'रिएक्ट' करेंगे; इतने सेंटीमेंटल, इतने खुदगर्ज ढंग से! मैं तो आपको अक़्लमन्द समझती थी।"

अनु से मेरा सम्पर्क हुआ तब तक मैं अपने जीवन की अर्द्धशती पार कर चुका था कभी का, और एक आन्तरिक उथल-पुथल के दौर से गुज़र रहा था। मेरा तो सारा वयस्क जीवन वनस्पति-शास्त्र—उसमें भी जंगल-शास्त्र और पर्यावरण-शास्त्र की ही गुत्थियों को सुलझाने में बीता है। 'लिटरेचर' से तो मेरा कोई लेना-देना ही नहीं था। पर, अब लगता है बचपन में पड़े संस्कार चाहे जितना दबे रहें, ज़रा सा मौका पाते ही वे उभड़ आते हैं। अनु के सम्पर्क ने उन्हें नये सिरे से सुलगा दिया। शुरू-शुरू में तो वह 'लिटरेचर' की बात ही नहीं करती थी। मेरी विशेषज्ञता का जो क्षेत्र है, उसी को लेकर तरह-तरह के सवाल पूछती थी। उसके पति ने जो मेरे बारे में खूब बढ़ा-चढ़ाकर उसे बखाना होगा—उसका भी खासा रोल रहा होगा इसमें। यूँ भी, लिटरेचर वालों में एक ऐसी खूबी मैंने देखी जो अन्य क्षेत्रों के अनुभवी लोगों में भी बहुत कम

---

1. महत्त्वाकांक्षा उभरती ही तब है जब आदमी की नैसर्गिक-ऊर्जा चुक जाती है।

देखने में आती है : वे बड़े कुतूहली होते हैं, बहुत रस ले सकते हैं ऐसे विषयों में भी, जिनकी उन्हें औपचारिक रूप से कोई दीक्षा नहीं मिली होती।

"पता है सर, बॉटनी मुझे सबसे 'पोएटिक' विषय लगता था, जब मैं स्कूल में पढ़ती थी। पर हमारे टीचर बहुत ही 'बोर' थे। अच्छे होते, तो क्या पता मैं भी आपकी और नीतीश की तरह 'बॉटनिस्ट' और 'इकोलॉजिस्ट' ही बन जाती!"

एकदम शुरू की बात है यह। याद नहीं कब कैसे उसका 'लिटरेरी' पक्ष उजागर हुआ मेरे सामने। पर जब हुआ तो और सब बातें पृष्ठभूमि में चली गयीं।...उसे ढेर सारी कविताएँ याद थीं जो मैंने उसी के मुँह से पहली बार सुनी थीं। कविता से मेरा यूँ कोई लगाव नहीं था। समझ में भी कम ही आती थी। मेरा जो नया-नया...और इसीलिए बहुत उत्कट लगाव था, वह उपन्यास से था। अनु उपन्यास को कविता की तुलना में बहुत कमतर और घटिया चीज़ समझती है—ऐसा मुझे लगा था उसकी बातों से। और, तब मैं लगभग मिशनरी उन्माद के साथ उसे 'कन्वर्ट' करने और अपने खब्त की ओर खींचने में जुट गया था। अनु ने मुझे बताया था कि उसके पास लगभग सारे ही विश्वप्रसिद्ध कवियों के संग्रह मौजूद हैं; मगर उपन्यास दो-चार ही हों तो हों।...तब मैं उसे हर बार जब भी मेरा उधर जाना होता, एक से एक उपन्यास अपने खजाने से लाकर देता और वह भी बड़े उत्साह के साथ उन्हें पढ़कर उनके बारे में बात करती। उन दिनों उनके इलाके में मेरा अक़्सर ही आना-जाना लगा रहता था। लगभग हर महीने। कभी-कभी तो हर पखवाड़े।

मज़ेदार बात यह हुई कि उपन्यासों को लेकर हमारी बातचीत का संक्रामक देखते-देखते नीतीश को भी लग गया, जो कि हम दोनों के लिए बड़े अचरज की बात थी।

"सर, आपने तो यह अजीब मुसीबत पैदा कर दी।"—वह

कहा करती। "कितना अच्छा था जब इसको कोई मतलब नहीं था कि मैं क्या पढ़ रही हूँ। अब यह हाल है कि आपके लाये उपन्यास मुझ तक पहुँचने में ही हफ्तों लग जाते हैं। यही उन्हें हथिया लेता है। तिस पर इतना स्लो रीडर है यह, कि क्या बताऊँ। पढ़ते-पढते बीच में ही गायब हो जाती है मेरी किताब। मुझे बहुत गुस्सा आता है।"

मुझे पता था नीतीश को एकाएक हमारी घंटों चलने वाली औपन्यासिक चर्चाओं में साझीदार बनने का शौक चर्राया है। अब नीतीश तो नीतीश ही हुआ। जैसा जो भी हस्तक्षेप वह करता हमारी बातचीत में, उससे यही होता कि हमारी जमी-जमाई बातचीत पटरी से उतर जाती और हमें फिर से उसे वापस पटरी पर लाना मुश्किल हो जाता।

'चलो'—नीतीश कहता। 'आपके कारण ही सही सर, इस लड़की की लिटरेचर की पढ़ाई का कुछ तो इस्तेमाल हुआ। नहीं तो,...यह तो मुझसे बात ही नहीं करती थी कभी। अब...आपकी कृपा से कम से कम इतना तो हुआ कि 'लिटरेचर' भी हमारी डेली रूटीन में शामिल हो गया।'

'उफ़! नीतीश, लिटरेचर रूटीन नहीं है भई'—अनु खीझकर कहती।

'व्हाई डार्लिंग? व्हाई? व्हॉट्स द हार्म?' ...नीतीश हैरान होने का अभिनय करता और फिर खिलखिलाकर हँस पड़ता। फिर मैं मौका मिलते ही बातचीत को 'लिटरेचर' से निकाल के 'ईकोलॉजी' में उड़ा देता। नीतीश भी अपने रंग में आ जाता और अनु भी सहज श्रोता की भूमिका में आ जाती। मुझे भी इस पट-परिवर्तन से राहत ही मिलती।

अब ऐसा है कि किसी भी क्षेत्र में जो भी बिरला कोई आदमी सचमुच कोई ठोस योगदान करता है, वह यानी उसका किया-धरा

उसी तक न रह जाए, आगे भी विकसित हो, इसका पूरा दारोमदार अगली पीढ़ी पर होता है और हमारे देश का यह बहुत बड़ा दुर्भाग्य है कि ऐसे मूल्यवान् और महत्त्वपूर्ण कार्य को आगे बढ़ाना तो दूर, उसे यथावत् कायम रखने और अधोगति से बचाये रखने की भी चिन्ता किसी को नहीं होती। योग्य और निष्ठावान् लोगों का तो अपने यहाँ टोटा ही पड़ा रहता है। हमारे यहाँ ज़्यादातर लोग, जो बड़े-बड़े पदों पर आसीन हो जाते हैं–महज़ अपने पदों को सुशोभित भर करते हैं। अपने दायित्व की चेतना और अपने काम से लगाव–उसमें कुछ नया करके उसे आगे बढ़ाने की सूझ-बूझ–उनमें या तो होती ही नहीं, या होती भी है तो वह सूझ-बूझ उन्हीं के साथ खत्म हो जाती है। 'ईगो-प्रॉब्लम' ही उनके लिए सबसे बड़ा 'प्रॉब्लम' हो जाता है : वे अपना सुयोग्य उत्तराधिकारी तैयार करने के प्रति भी बिलकुल सजग नहीं होते। उनकी सारी बुद्धिमत्ता और संवेदनशीलता सब अपने 'ईगो' का ही जतन करने में चुक जाती है।

मैं कम से कम इतना दावा तो कर ही सकता हूँ कि मैंने न केवल अपने महक़मे को–वन विज्ञान और उसके व्यावहारिक पक्ष को–चरमोत्कर्ष तक पहुँचाने में अपनी ओर से कोई क़सर नहीं छोड़ी, बल्कि नीतीश के रूप में एक ऐसे प्रतिभाशाली सुपात्र उत्तराधिकारी की भी पहचान बनायी और उसे आगे लाने की भी भूमिका बखूबी निभायी। मैं तो यहाँ तक कह सकता हूँ कि 'शिष्यात् इच्छेत् पराजयम्' वाली सूक्ति हमारे सम्बन्धों पर अक्षरशः लागू होती है। अगर आज के दिन मुझे पूरा भरोसा है कि मेरा किया-धरा अकारण नहीं जाएगा–आगे भी फलेगा-फूलेगा, तो नीतीश के ही कारण। समूचे विभाग में आज की तारीख में उसकी टक्कर का प्रतिभाशाली और परिश्रमी व्यक्ति दूसरा नहीं है।

यह भी एक कारण है कि मुझे सेवानिवृत्ति के बाद भी 'एक्सटेंशन' लेने का कोई प्रलोभन नहीं। बल्कि, मैं तो सेवानिवृत्ति का भी इन्तज़ार नहीं करना चाहता; उससे पहले ही छुटकारा पा

लेना चाहता हूँ। क्योंकि मुझे पता है मेरे बाद नीतीश मुझसे कहीं अधिक तत्परता और मनोयोग के साथ मेरा दायित्व सम्हाल लेगा। उसमें और चाहे जो कमियाँ हों—भला किसमें नहीं होतीं! हमारी ख़ूबियों की ही परछाइयों की तरह हमारी कमियाँ भी हमारे साथ ही चिपटी रहती हैं। पर...वह हमारा निजी मामला है—हमारे काम से उसका कोई सम्बन्ध नहीं। नीतीश अपने काम में सौ टंच खरा है : इस जोंक-बिरादरी से एकदम अलग और अछूता।

हालांकि बात इतनी ही नहीं है। यह भी है, बेशक है। पर,... इतनी ही नहीं।

मुझे छुटकारा, यानी मुक्ति चाहिए। सच्चे और पूरे अर्थों में मुक्ति। यह पद और इससे जुड़ी हुई सारी नियामतें मेरे लिए अचानक ही निरर्थक हो गयी हैं। अचानक तो नहीं, सेवा-निवृत्ति के पूर्व के इन बरसों के दौरान मेरे भीतर जो उथल-पुथल मची है, जो परिवर्तन आया है—जिसमें नीतीश और अनु दोनों की अपनी-अपनी भूमिका भी है ही—वह यह है कि मैंने क्रमशः अपने भीतर एक ऐसे साक्षी मनुष्य को जन्म लेते महसूस किया है, जो पहले मानो था ही नहीं; या कहूँ कि जिसकी उपस्थिति से ही मैं बिलकुल बेखबर रहा आया। यह नया-नया संसार, जो मेरे भीतर लिटरेचर...और हाँ,—एक सर्वथा अनदेखे और अनसुने राग-रहस्य के जरिये खुला है, इसने भी मुझे अपनी अब तक की जीवन-चर्या से विरक्त किया है—मुझमें एक अभूतपूर्व प्यास जगाकर। जीवन के अर्थ की प्यास। ऐसी प्यास, जो जीवन से, ठेठ उसके स्रोत पर ही जुड़ी हुई है और फिर भी उससे बँधी नहीं।

हालाँकि शंका भी होती है कि कहीं यह भी एक महत्त्वाकांक्षा ही तो नहीं है : पुरानी ऐम्बिशन को विस्थापित करती हुई एक नयी ऐम्बिशन। एक नयी महत्त्वाकांक्षा?

अध्याय चार

जब नीतीश का विवाह हुआ, मैं जर्मनी में था। साल भर बाद लौटा। तभी नीतीश किसी कॉन्फ्रेंस के सिलसिले में देहरादून आया तो अनु भी साथ थी। रहे थे दोनों हमारे ही घर पूरे हफ्ते भर और हम लोग साथ-साथ खूब घूमे-फिरे भी थे। पारिवारिक पर्यटन था वह। नीतीश मेरी पत्नी से काफी हिला हुआ है—उस ज़माने से ही, जब वह वहीं फॉरेस्ट रिसर्च इंस्टीट्यूट में नया-नया प्रशिक्षणार्थी था और कुछ ही दिनों के भीतर हम दोनों का प्रीतिभाजन बन बैठा था। एक ओर, जहाँ मैं उसकी सैद्धान्तिक और व्यावहारिक सूझबूझ से, तथा उसकी असाधारण खोज-वृत्ति से चमत्कृत हुआ था, वहीं दूसरी ओर मेरी पत्नी उसकी सामाजिक जागरूकता और हाजिरजवाब खुलेपन से। नीतीश में परस्पर विरोधी लगने वाले गुणों का विचित्र मेल है। मेरी पत्नी यूँ आसानी से प्रभावित नहीं होती किसी से भी : उसके अपने बहुत ही कठोर मानदंड हैं, जिन पर शायद ही कभी कोई खरा उतरता हो। ज़्यादातर लोग तो उसकी सदा एक सी जमी रहने वाली कठोर मुखमुद्रा से ही आतंकित हो जाते हैं। बेशक, उसकी सामाजिक गतिविधियों का भी खास अपना दायरा है, जिसके प्रति वह बेहद संजीदगी के साथ समर्पित रही है। पर वह संजीदगी कुछ ऐसी है, जिसका मात्र-ज्ञान या विनोदवृत्ति से—'सेंस ऑव ह्यूमर' जिसे कहा जाता है, उससे—दूर का भी रिश्ता नहीं। पता नहीं, मगर,...इस नवयुवक में उसे जाने क्या दीखा, जिसने उसकी संजीदगी के कठोर आवरण को भी पलक मारते पिघला दिया। मैं तो हैरान रह जाता था, उसे नीतीश के साथ

घुलते-मिलते-बतियाते देखकर। कितना राहत भरा अनुभव हुआ करता था, वह मेरे लिए उन दिनों।

देहरादून से मैं राजस्थान आया था—कभी अपने ही शुरू किये गये एक बहुत महत्त्वपूर्ण प्रोजेक्ट के ही सिलसिले में। बड़ी घनघोर व्यस्तता का दौर था वह; और उसमें नीतीश की भूमिका बहुत महत्त्वपूर्ण साबित हुई थी। वहाँ उसकी ऐसी धाक जमी कि बहुत से अकारणद्रोही ईर्ष्यालु लोग उसके पीछे पड़ गये। तंग आकर उसने रिसर्च इंस्टीट्यूट ही वापस चले जाने का फ़ैसला कर लिया। उसके इस निर्णय से असहमत होते हुए भी मैंने उसकी मदद की। वहीं रहते हुए उसने पर्यावरण-विज्ञान में गहरी दिलचस्पी लेना शुरू किया, और देखते ही देखते उसमें महारत हासिल कर ली। इसी विषय पर उसके एक शोधपत्र की ऐसी धूम मची थी कि एक अमरीकी विश्वविद्यालय ने उसे बाक़ायदा आमंत्रित भी किया, सम्मानित भी। नीतीश चाहता तो वहीं रहकर खासी कीर्ति और समृद्धि बटोर सकता था। किन्तु विदेश में उसका मन लगता नहीं था और साल भर के भीतर ही वह स्वदेश लौट आया। उसका स्वदेश-आगमन और मेरा दोबारा विदेश-गमन लगभग एक साथ ही हुआ था। वहीं जर्मनी में ही मुझे उसके विवाह का निमंत्रण मिला। अपने खासे लम्बे और मनोरंजक पत्र में उसने मुझे सूचित किया था कि वह अपने गृहनगर की, बल्कि अपने मुहल्ले के पास की ही एक ऐसी लड़की से शादी कर रहा है जिसे वह देखता तो बचपन से ही था, पर शादी की बात उस तरह कभी मन में आयी नहीं थी। अचानक ही सगाई तय हो गयी—वह भी दोनों के पिताओं की पहल से। अनु के पिता और नीतीश के पिता कभी किसी ज़माने में सहपाठी रह चुके थे। मुझे याद है नीतीश ने इसे अपने खास व्यंगविनोदी अंदाज में कृष्ण-सुदामा का पुनर्मिलन बताया था।

बहरहाल, अपनी पत्नी से परिचय कराते हुए नीतीश ने बड़े पुलकित अंदाज़ में मुझे बताया था कि अनु ने प्रयाग विश्वविद्यालय

से एम.ए. इंग्लिश लिटरेचर में टॉप किया था और उसे लेक्चरशिप भी ऑफर की गयी थी। पर..."इसे पढ़ाने से ऐसी एलर्जी है कि छोड़ के आ गयी और तबसे झख मार रही है।"...यह भी कि..."यह चाहती तो जर्नलिज़्म में भी जलवा पीट सकती थी–मगर...सर, एक नम्बर की जिद्दी है यह लड़की। अच्छा खासा मौका इसने अपने हाथों से गँवा दिया। पता नहीं क्या चाहती है यह! (गॉड नोज़ व्हॉट शी वाण्ट्स...। ऑर, परहैप्स ईवन गॉड इज़ अनेबुल टु रीड हर माइंड...)

नीतीश ठठाकर हँस पड़ा था अपनी पत्नी का यह सनसनीखेज परिचय देने के बाद।

अनु चुपचाप मुस्कुराती रही थी। जबरन। मुझे कुछ ऐसा ही लगा। पता नहीं मुझमें यह कैसी ग्रंथि है कि स्त्रियों–खासकर तेज-तर्रार और सुन्दर स्त्रियों से मैं नज़रें ही नहीं मिला पाता। झेंपू ही रहा आया मैं इस मामले में। हाँ, अपनी झेंप छुपाने के लिए मैं कोई न कोई तरकीब निकाल ही लेता हूँ–वही मैंने किया।

"नीतीश का सेंस ऑव ह्यूमर भी इसकी और दूसरी विशेषताओं की तरह कुछ अजीब और अनोखा ही है। क्यों मैडम?"

अनु ने सीधे मेरी आँखों में झाँका और मुस्कुराते हुए कहा–"सर, आप इन्हें मुझसे कहीं ज़्यादा और बेहतर जानते होंगे। मैं क्या कह सकती हूँ!"

नीतीश की आदत है–मुझसे अंग्रेजी में ही बात करता है। वह तो नहीं मानेगा–मैंने कभी ऐसा कहा भी नहीं उससे–पर मुझे पक्का पता है यह उसकी गहरे में दबी हुई हीन भावना ग्रंथि ही थी, जिसका वह इस तरह इलाज कर सकता था। तो...लो–अब पत्नी भी उसे अंग्रेज़ी वाली ही मिली–मेरे मन में आया। चलो, अच्छा है; अंग्रेज़ी एक आड़ भी तो सुलभ करा देती है। जैसे मुझी को। सहज और आत्मविश्वासपूर्ण दीखने के लिए। मैंने सोचा कि नीतीश को 'डिफेंड' करने के लिए कुछ तो कहना चाहिए। सो मैंने भी अंग्रेजी

ही झाड़ी।

"यू नो मैडम, योर हस्बैंड इज़ अ जीनियस। ऐंड लाइक ऐवरी जीनियस, ही टू हैज़ अ नॉटी ब्वॉय लर्किंग समव्हैर डीप डाउन विदिन हिम"।[1]

मैंने सोचा भी न था कि अनु इस पर फौरन मुझी पर पलटवार कर देगी। पर उसने यही किया।

"वैल,...दैट्स इक्ज़ेक्टली व्हॉट ही थिंक्स ऐंड टैल्स मी अबाउट यू;"—अपनी तीखी नज़रें मुझ पर गड़ाकर वह एक पल मेरी प्रतिक्रिया भाँपती-सी ठिठकी और फिर उसने एक और स्मार्ट जुमला मुझ पर जड़ दिया।

"आफ़ कोर्स आइ मीन द जीनियस पार्ट। नॉट द नॉटी ब्वॉय थिंग"...[2]

"आइ नो व्हॉट यू मीन, मैडम। ऐंड आइ डोंट माइंड इट ऐट ऑल। यू नीड नॉट सॉफन योर वर्डिक्ट"[3]—मैंने भी जड़ दिया।

"प्लीज़ सर...यू नीड नॉट स्टेंड ऑन सेरेमनी विद मी।

कॉल मी 'अनु", ऐंड ट्रीट मी जस्ट ऐज़ यट ऐनेदर डिसाइपल ऑव योर्स"[4]—अनु ने बात का रुख ही पलट दिया।

"ओके अनु, ओके।"—मैंने कह तो दिया। पर अपना स्वर मुझे खुद ही सहज नहीं लग रहा था।

मुश्किल है पार पाना इस अंग्रेजीदाँ लड़की से—मेरे मन में आया। नीतीश की बात कुछ और है।

---

1. जानती हैं मैडम, आपका पति जीनियस है और हर जीनियस की तरह इसके भीतर भी एक नटखट शरारती लड़का छुपा बैठा है।
2. यही बात तो ये आपके बारे में भी मुझसे कहा करते हैं।...मेरा मतलब 'जीनियस' वाली बात से है, नटखट लड़के वाली बात से नहीं।
3. मुझे पता है, आपका मतलब। मैं बिलकुल बुरा नहीं मान रहा। आपको अपना फैसला बदलने की ज़रूरत नहीं।
4. मेहरबानी करके...आप इतनी औपचारिकता न बरतें मेरे साथ।

जल्द ही मगर...मुझे यह मानने को विवश होना पड़ा कि नीतीश ही नहीं, अनु की भी बात 'कुछ और' है। और, वह...'कुछ और'... नीतीश से बहुत अलग और बहुत ऊपर है।

यह उक्त परिचय के शायद तीन-चार महीने बाद की घटना होगी। नीतीश ने मुझे अमरकंटक आने का न्यौता दिया था। वह पहले भी एक बार वहाँ रह चुका था और काफी रंग जमा चुका था। पर अब अपने उस नये-नये ख़ब्त 'पर्यावरण विज्ञान" से वह इस क़दर बिंध चुका था कि प्रशासनिक उलझनों में न पड़कर रिसर्च में ही जुटे रहना चाहता था। उसे इसकी रत्ती भर भी परवाह नहीं थी कि इससे उसकी पदोन्नति में बाधा भी पड़ सकती है। मैंने ही उसे समझा-बुझाकर वापस फील्ड में भिजवाया था। तब मुझे अनुमान नहीं था कि मुझे भी अंततः मध्य प्रदेश ही जाना पड़ेगा। और नीतीश के कर्मक्षेत्र में मेरा इस क़दर आना-जाना लगा रहेगा।

बहरहाल अनु के साथ मेरी पहली लम्बी बैठक और पहली वन-परिक्रमा—सैर को हम दोनों परिक्रमा कहते थे—अमरकंटक में ही हुई थी। अनु ने ही मुझे बताया था कि यह 'अमरकंठक' है—'अमरकंटक' नहीं। विषपायी नीलकंठ शिव से जुड़ी कथा का सम्बन्ध इसी क्षेत्र से है। बाद में अमरकंटक की जगह 'अचानकमार' अभयारण्य ने ले ली थी। इसलिए कि उसी के पास का एक पुराना डाकबंगला मुझे बेहद रास आ गया था और मैं अपना खास लिखने-पढ़ने का काम वहीं करने के लिए कोई न कोई निमित्त ढूँढ ही लेता था। नीतीश को भी अक़्सर ही मेरे मार्गदर्शन की ज़रूरत पड़ जाया करती थी। हालाँकि मेरे मार्गदर्शन की अब उसे उस तरह कोई खास अपेक्षा भी नहीं रह गयी थी। "गुरु गुड़ और चेला शक्कर" वाली कहावत हम पर अक्षरशः चरितार्थ होने लगी थी। मैं तो यहाँ तक कह सकता हूँ कि पर्यावरण-विज्ञान की अद्यतन खोजों

के प्रति उसे उन्मुख करने की पहल भले मैंने की हो; पर, अनन्तर, उल्टे उसी के उत्साह का ऐसा संक्रामक मुझे चढ़ा कि बजरिये पर्यावरण ही सही, साहित्य और धर्म-दर्शन के सीमान्त-प्रदेशों में भी मेरी बाक़ायदा घुसपैठ होने लगी।

और, मानो यह कोई नियतिकृत संयोग रहा हो, ठीक इसी बिन्दु पर मुझे अनु का सामीप्य सुलभ हुआ—जिसका पहला-पहला व्यसन, बल्कि व्यसन, क्यों 'पैशन' ही कहना होगा, 'लिटरेचर' ही था।

"सर, आप भी क्या नीतीश की ही तरह सचमुच यही मानते हैं कि मैंने लेक्चरशिप छोड़कर बड़ी भूल की?"—एक पूरी शाम जंगल और वर्ड्स्वर्थ के प्रकृति-काव्य की परिक्रमा करते हुए बिता चुकने के बाद लौटते हुए रास्ते में अचानक अनु ने मुझसे पूछा।

मैं इस प्रश्न के लिए बिलकुल तैयार न था। बुरी तरह चौंक पड़ा।

अच्छा...तो अनु को अभी तक वह बात याद है? गड़ी रह गयी वह फाँस की तरह इसके मन में?

"नहीं, मैं ऐसा तो नहीं कहूँगा"—मैंने उससे कहा—लिटरेचर के साथ तुम्हारा जो रिश्ता है वह वैसा बिलकुल भी नहीं है, जिसे 'अकादमिक' कहा जाता है। पर,...अब जब तुम मुझसे पूछ ही रही हो, तो मेरे मन में भी एक सवाल आ रहा है कि किसी भी विषय के इल्म का कुछ सामाजिक सदुपयोग भी हो जाये तो इसमें ऐसी बुराई भी क्या है? हम दोनों बातों को अलग-अलग अपनी-अपनी जगह क्यों नहीं रख सकते हैं? आखिर तुम्हें अध्यापन-कर्म से इतनी एलर्जी क्यों है?"

"सर, मेरे लिए साहित्य पढ़ने और जीने की वस्तु है"—अनु बोली। "न कि, आजीविका की, या दूसरों पर प्रभाव जमाने की

चीज़। ठीक है कि रेह्टरिक (यानी, वाग्मिता) भी एक हिस्सा है लिटरेचर का, मगर वह तो बहुत निचले पायदान की चीज़ है। उस तरह की आलंकारिक या नुमाइशी हरकतों से मैं दूर ही रहना चाहती थी। और जिस तरह के नमूने मुझे हर जगह दिखायी पड़ते थे, उन्हें देखते हुए यूनिवर्सिटी में या न्यूज़पेपर्स में रहते हुए उससे बच पाना मुझे असम्भव लगता था। क्या मैं ग़लत कह रही हूँ?"

"नहीं। मगर तुम्हें भी तो पहले-पहल आखिर किसी ने लिटरेचर पढ़ाया ही होगा, तभी न तुममें उसे गहरे में जाकर पढ़ने का संस्कार जगा"—मैंने उसे कोंचा।

"व्हॉट ऐन आर्ग्युमेंट!"...अनु के स्वर की खीझ मुझसे छुपी न रह सकी। सहसा उसे जोरों की हँसी आयी। बोली—"आपको एक मज़ेदार बात बताऊँ? प्रोफेसर देब हमारे विभाग के सबसे सीनियर प्रोफेसर थे।...बड़ा नाम था उनका।...दो बरस उन्होंने हमें पढ़ाया होगा।...पर मुझे तो उनका बस एक ही जुमला अभी तक याद है और...वह क्या? यही, कि 'रीडिंग अ पोएम इज़ लायक़ फॉलिंग इन लव विद अ ब्यूटीफुल गर्ल। ऐण्ड ट्राइंग टु एक्सप्लेन इट इज़ लाइक गोइंग ऐंड मैरींग हर..."

इस पर मुझे भी हँसी तो आनी ही थी और आयी। मगर तुरन्त अपनी हँसी रोक कर मैंने कहा—"यह तो कोई बात नहीं हुई। मज़ाक के तौर पर भी इसे बहुत अच्छा मज़ाक मैं नहीं कहूँगा क्योंकि इसमें कविता के ही नहीं, प्रेम और विवाह सरीखी सीरियस चीज़ों के प्रति भी बहुत ही उथला और ग़ैरजिम्मेदार सिनिकल रुख प्रकट होता है। किस सनकी के दिमाग़ की उपज है यह?"

"जिसकी भी हो"—अनु बोली—"मेरे लिए तो यह परिहास की नहीं, परमार्थ की बात है।"

"वेल,...ऐसी बात है तो मैं भी कुछ परमार्थ झाड़ूँ?"—मैंने कह तो दिया। पर तत्काल मुझे लगा मामला कुछ ज़्यादा ही सीरियस हो जायगा। तो मैंने चुप्पी ओढ़ ली।

चुप्पी ओढ़ना अनु को मुझसे कहीं ज़्यादा ही आता है, यह मुझे बाद में धीरे-धीरे पता चल जाना था। पर...उस दिन...

"आप चुप क्यों हो गये?–बोलिए न वह परमार्थ की बात, जो आप मुझे बताना चाहते थे।"

मैं थोड़ा सिटपिटाया।

"आल्बेर कामू को तो पढ़ा ही होगा तुमने"–मेरे मुँह से निकला।

"नहीं। उपन्यास मैंने बहुत ही कम पढ़े हैं। मेरा लगाव बुनियादी तौर पर कविता से ही रहा है। शुरू से।"–अनु बोली।

"क्यों?"–मुझे कतराने का बहाना मिल गया। 'क्या उपन्यास तुम्हारी दृष्टि में सीरियस लिटरेचर नहीं?"

"वो बात नहीं"–उसने कहा–"एक मुकाम ऐसा आता है जब हमें ज़िंदगी के स्थूल ब्यौरों में–विस्तार में–उतनी दिलचस्पी नहीं रह जाती। सार ही सार की तलब रह जाती है हमें; विस्तार की नहीं। पर उपन्यास कुल मिलाकर नक़ल ही तो है रोज़मर्रा की जिन्दगी की। बिना उसके वह खड़ा ही नहीं होता। तो फिर जब हमें जीना तो पड़ता ही है रोज़मर्रा की रूटीन को, तो लिटरेचर में भी उसी की नक़ल क्यों चाहिए? किसको चाहिए? कुछ सार की बात निकलनी चाहिए : ऐसी, जो महज़ रोज़ जीते चले जाने से हाथ नहीं लगती। कविता उसी 'एस्सेन्शियल' की खोज और उपज होती है, इसीलिए हमारे लिए उसका कहीं ज़्यादा महत्त्व है।"

मैं हैरत से उसे ताकता रह गया। कितनी संजीदा लग रही थी वह!

"यह तो तुम्हारी बड़ी ज़्यादती है"–मैंने कहा। और...तुम्हारा यह 'सार' और 'विस्तार' का चक्कर क्या है? विस्तार भी तो 'सार' का ही न होता है? सार की खोज के लिए ही न होता है? अरे,... कविता का काम उपन्यास नहीं कर सकता तो उपन्यास की जरूरत भी क्या कविता से पूरी की जा सकती है? जितनी बुद्धि और

भावना की ऊर्जा तुम्हारे मिल्टन और वर्ड्स्वर्थ की कविताओं को लिखने में लगी होगी,—तुम क्या समझती हो—डिकेंस, बाल्ज़ाक, टॉल्स्टॉय के उपन्यासों में उससे कोई कम ऊर्जा लगी होगी? क़त्तई नहीं; बल्कि मैं तो कहूँगा आज का असली जीवन—'एस्सेन्शियल' जीवन जिसे तुम कह रही हो—वह तो उपन्यास में ही प्रकट हो रहा है, कविता में नहीं। कविता कौन पढ़ता है आजकल? जिधर देखो उपन्यास का ही बोलबाला दिखायी देगा। कविता अब एक पुरानी और पिछड़ी-सी चीज हो गयी है। है भी वह अपनी फ़ितरत में आदिम ही। नहीं?"

"और कहानी? वह क्या कविता से कम पुरानी और आदिम है?"—अनु ने तुरन्त टोका मुझे।

"हम उपन्यास की बात कर रहे हैं, कहानी की नहीं"—मैंने खीझते हुए कहा। कल ही तुमने मुझे वर्ड्स्वर्थ की लम्बी कविता 'माइकेल' सुनायी थी। ग़जब की दिल-तोड़ कहानी है वह, इसलिए तो इतनी पावरफुल है कविता के रूप में। मगर...आज किसी को भी कविता में ऐसी कहानी सुनाने की बात कभी नहीं सूझेगी। काल-गति ही ऐसी कोशिश के खिलाफ जाती है। उपन्यास ही लिखना पड़ेगा आज इस तरह के 'ह्यूमन कन्सर्न' को एक्सप्रेस करने के लिए? है कि नहीं? अब...तुम यह तो देखो कि किस क़दर कहानी और कविता दोनों की जगह आज उपन्यास ने घेर ली है। अपने-आप। उपन्यास ही आज का महाकाव्य भी है और गीति-काव्य भी। कविता, जिसे तुम जीवन का अर्क या आसव-'एसेंस' कहती हो, वह अब पद्य में नहीं, गद्य में ही ढल सकती है। पद्य तो गये गुज़रे ज़माने की चीज़ हो चुका।"

अनु इतनी जल्दी हार मान लेने वाली नहीं थी। उसने तुरन्त पैंतरा बदला—"एक्सक्यूज़ मी सर। आपका यह लॉजिक भी कविता के ही पक्ष में जा रहा है, उपन्यास के पक्ष में नहीं। इससे क्या फर्क पड़ता है कि वह कविता पद्य में है कि गद्य में? मैंने उपन्यास

आपकी तुलना में कम पढ़े होंगे। पर यह भी मत समझिये कि पढ़े ही नहीं। वर्जीनिया वुल्फ़ और जेम्स ज्वाइस का उदाहरण ही ले लीजिये। दोनों ऐसे कवि हैं जिनकी 'पोएटिक' आत्मा इसी औपन्यासिक गद्य में अभिव्यक्त हो सकती थी। वर्जीनिया तो सौ टंच कवि है। नंबर वन मेरी नज़र में...। यह तो महज़ संयोग भर है कि उसके कवित्व ने गद्य का रास्ता पकड़ा।"

अब इस पर मैं क्या कहता! मैंने तो नाम तक नहीं सुने थे तब तक वर्जीनिया वुल्फ़ या जेम्स ज्वाइस के।

परन्तु अनु के तर्क में जो छिद्र था—मुझे साफ़ दिखायी दे गया। तभी अनु की अस्फुट बुदबुदाहट मुझे सुनायी दी।

"जीवन मेरे लिए एस्सेन्शियली काव्य ही है, उपन्यास नहीं।"—वह कह रही थी। इस तरह, इस टोन में—मानों अपने आप को सम्बोधित कर रही हो, मुझको नहीं। मैं भी कहाँ चूकने वाला था! तुरन्त मैंने उसके मुँह पर ही जड़ दिया—"जीवन मेरे लिए उपन्यास है; काव्य नहीं। मगर ऐसा उपन्यास, जिसमें बीच-बीच में कभी-कभार कुछ 'हाइ-प्वाइण्ट्स'—कुछ ऊँचे टीले भी उभर आते हैं। जिन्हें तुम कविता कहती हो। बाकी तो जीवन क्या है अपनी असलियत में? ...एक सफ़ाचट मैदान—या कह लो, एक तपता-सुलगता पठार ही न?"

अनु ने चुप्पी ओढ़ ली। हम अपनी परिक्रमा लगभग पूरी कर चुके थे। सामने ही ऊँचे टीले पर मेरा डाकबंगला दीख रहा था हस्बमामूल मैं अनु को आगे उसके घर तक छोड़ने गया। फाटक पर मैंने एक संधि-प्रस्ताव रखते हुए उससे विदा ली।

"सुनो अनु, ऐसा करते हैं, तुम मुझे कविता पढ़ाओ इसी तरह रोज़, जिसमें कि मैं एकदम कोरा हूँ। बदले में मैं तुम्हें अपने औपन्यासिक अनुभवों में साझीदार बनाता हूँ। ठीक है?"

अनु इस पर जोरों से खिलखिला पड़ी। शायद उसकी खिलखिलाहट सुनकर ही नीतीश भी अपने कमरे से बाहर निकल

आया। "व्हॉट्स द रैकिट, डार्लिंग?"—वह वहीं से चिल्लाया।

"फिर वही पढ़ाने-लिखाने का चक्कर"—अनु ने बारी-बारी से नीतीश को और मुझको सम्बोधित करते हुए फिर से वही जुमला जड़ दिया—

"मैंने कहा ना आपसे, कि लिटरेचर पढ़ने-गुनने की चीज़ है, पढ़ाने की नहीं।"

"देखो अनु"—मैंने कहा। पढ़ाने से मेरी मुराद क्लास लेने से नहीं है—यह तुम अच्छी तरह जानती हो। इसके बावजूद अगर तुम बहस पर ही उतारू हो, तो मैं कहूँगा कि अगर लिटरेचर खुद पढ़ने के साथ-साथ अपने दोस्तों को भी पढ़वा देना इतना ही निषिद्ध कर्म है तुम्हारी नज़रों में, तो फिर इस पैक्ट के तहत हम दोनों ही यह कर्म करते हुए बराबरी के पाप के भागीदार होंगे। बोलो, क्या कहती हो?"

"ओके सर, ओके। मगर...सुनिये...वो आप क्या कह रहे थे—बात वहीं अधूरी ही छूट गयी थी इस नॉवेल के चक्कर में। वही कामू वाली बात,—जिसे आप परमार्थ बता रहे थे।

"ओह! वो बात...क्या थी वो बात? हाँ, याद आया। कामू ने अपनी डायरी में लिखा है एक जगह...कि...

"यू मस्ट सीक़ लव ओनली इन मैरिज। बिकॉज़, दैट्स दि ओनली प्लेस व्हैर लव इज़ कम्पलीटली विदाउट इल्यूज़न्स।"

"ओह! तो यह था आपका परमार्थ!" अनु ने बिना एक क्षण भी ठिठके, तत्काल तुरन्त रिएक्ट किया—"चलिए यह तो हुआ आपका एक और उद्धरण,...जिससे आप समझते होंगे कि आपने मेरे उस प्रोफेसर देब वाले उद्धरण को बुरी तरह पीट दिया। पर.. .सर, लिटरेचर आपके इस तथाकथित रियल लाइफ से ज़्यादा रियल चीज है, कोई 'शह और मात' का खेल नहीं।"...

"प्लीज़ डार्लिंग, शतरंज की बुराई मत करो"—नीतीश कुनमुनाया फाटक खोलते हुए।

अनु ने नीतीश की कुनमुनाहट को जैसे सुना ही नहीं। उसी तरह, बल्कि और भी सख्त चुनौती का सा लहजा अख्तियार करते हुए मुझसे बोली—"आर यू सीरियस सर? क्या सचमुच ही यही आपका परमार्थ है? सचमुच यक़ीन करते हैं आप इस पर? महज़ एक चुटीले उद्धरण की तरह नहीं, बल्कि खुद अपने जीवनानुभव से उपजी हुई बात की तरह?"

मैं बड़े चक्कर में पड़ गया। अनु की निगाहें मेरे चेहरे पर चुभ रही थीं। नीतीश ने ही अंततः मुझे उबारा।

"चलो भई, डाइनिंग रूम में ही निपटाते हैं इस मसले को। ऐज़ फ़ार ऐज आयी ऐम कन्सर्न्ड, अवर डाइनिंग रूम इज़ द ओन्ली प्लेस व्हिच इज़ कम्प्लीटली विदाउट इल्यूज़न्स"।

ठहाकों के बीच उस दिन तो बात आयी-गयी हो गयी। पर...बाद में भी तो पूरे साल भर कभी नौबत नहीं आयी इस भूले-बिसरे प्रकरण को छेड़ने की? क्यों भला?

और आज?

अब?

अध्याय पाँच

यह मुझे हो क्या गया है? मेरा मन मेरे बिलकुल काबू में ही नहीं—ऐसा तो मेरे साथ कभी नहीं हुआ। पिछले जन्म जितनी दूर छुटी हुई वह घटना जैसे फिर से वहीं उसी जगह आ जुड़ी हो... बिलकुल वैसी ही मोहनी माया मेरी आँखों के आगे नाचती हुई... जबकि...कॉमन क्या है दोनों के बीच? कुछ भी तो नहीं। फिर भी...यह कैसा तूफान मेरे भीतर मचा हुआ है?

ऐसा कैसे, कि मैं अभी तक तो यही मानकर चलता रहा कि अनु का साथ मुझे नीतीश के कारण ही इतना अच्छा लगता रहा है? शादी को भी तीनेक साल हो गये होंगे : बाल बच्चे कोई हैं नहीं अभी तक; इसलिए नीतीश जहाँ भी जाता है अनु को साथ ही ले जाता है। उम्र का फर्क भी कितना होगा दोनों के बीच? दो या तीन साल। मगर वह उसे इस तरह 'ट्रीट' करता है जैसे वह बच्ची ही हो। अक़्सर मुझे उसका यह बरताव कुछ विचित्र सा लगता रहा है क्योंकि उस तरह के 'प्रोटेक्शन' की ज़रूरत उसे हो—ऐसा आभास अनु कहीं से भी नहीं देती : उल्टे नीतीश से कहीं ज़्यादा इमोशनली 'मैच्योर' और सयानी लगती रही है, वह मुझे शुरू से ही।

ऐसा कैसे हुआ कि मैं इस लड़की को—लड़की ही तो लगती रही थी मुझे, वह कल तक तो—ऐसा कैसे हुआ कि मैं इस स्त्री के नितान्त अलग और स्वायत्त आकर्षण से आज अभी तक मानो, बेखबर ही रहा आया? या कहूँ, जाने-अनजाने उसे अपनी चेतना की पृष्ठभूमि में ही धकेलता रहा?

ऐसा कैसे हुआ कि आज से पहले मैंने मानो उसके निजी

व्यक्तित्व की विलक्षणता पर ध्यान दिया ही नहीं : क्यों मुझे लग रहा है कि मैंने कभी उसके चेहरे तक को भरपूर निगाहों से कभी देखा ही नहीं : कल ही पहली बार इतने करीब से उसको देखा। जबकि जाने कितनी बार मैं और अनु घण्टों नीतीश की अनुपस्थिति में भी आमने-सामने बैठे गपशप करते रहे हैं। अलावे इसके लम्बी-लम्बी परिक्रमाएँ भी जंगल की साथ-साथ ही की हैं। अब जाकर मेरा ध्यान पहली बार इस तथ्य की ओर जा रहा है कि बातें करते हुए वह हमेशा अपनी स्थिर-दृष्टि मेरे चेहरे पर गड़ाये रखती थी : सहज ही। मेरे ही लिए शायद यह कभी सहज नहीं हो पाया—उसके 'देखने' को देखना। नहीं तो कल शाम से पहले उसकी आँखों ने क्यों कभी मेरा ध्यान इस तरह आकर्षित नहीं किया? क्या मैंने सचमुच उसकी आँखों में गहरे झाँका ही नहीं कभी? क्यों मैं अभी तक अपनी आँखें उनसे वापस नहीं लौटा पा रहा हूँ? मानो निगल लिया गया होऊँ मैं पूरा-समूचा, उनके द्वारा उसी एक पल भर में...

यह कोई पहली बार तो हुआ नहीं कि अनु मेरे साथ अकेले घूमने आयी हो। पहले भी तो कई बार हम मीलों जंगल में भटके हैं। नीतीश को पैदल भटकने का बिलकुल शौक नहीं है; पर अनु को तो है। कितना अजीब लगा था मुझे पहली बार, जब नीतीश ने पीछे से मुझे हाँक लगायी थी—"सर..सर! एक मिनट रुकिये, अनु भी आ रही है आपके साथ।"...उसके बाद तो यह नियम ही बन गया था, कि मैं सुबह या शाम जब भी सैर को निकलूँगा, अनु मेरे साथ जाएगी ही। नीतीश तो शायद ही कभी साथ आया हो। एकाध बार, बस। दौरा मेरा आकस्मिक और अनिश्चित रहता था इसलिए कभी-कभी कुछ ज़्यादा अन्तराल हो जाता था और हर बार अनु का साथ मुझे पहली बार जैसा ही लगता था। हर बार मुझे पहली बार की तरह ही अचरज होता कि जब नीतीश को खुद ही बिलकुल शौक नहीं घूमने का, तो वह अनु को क्यों मेरा साथ देने को प्रेरित करता है? क्या यह अजीब नहीं?

यह भी तो है कि अपने लड़कपन के दिनों से ही मुझे अकेले ही लम्बा घूमने की लत-सी पड़ चुकी है और मुझे कभी भी किसी के भी साथ की आदत नहीं रही। वन्य प्रकृति के साथ मैं अकेला ही भरा-पूरा अनुभव करता रहा हूँ। इस अभयारण्य के प्रवेशद्वार पर ही जो तख़्ती लगी है, वह मैंने ही तो लगवाई थी कभी :

"Reality speaks to you in silence, which is the special gift of a forest".

(मौन ही सत्य की भाषा है : और वैसा मौन तुम्हें अरण्य ही सुलभ करा सकता है)

यह कोई यूँ ही पढ़ी हुई या सुनी-सुनायी सूक्ति भर नहीं हैं। यह मेरी अपनी कमायी है; मेरे अपने प्रत्यक्ष-अनुभव से उपजी हुई। प्रकृति के साथ मेरा लगाव जन्मसिद्ध है; नौकरी भी मुझे जंगल की ही मिली, यह संयोग भी अकारण नहीं हो सकता। यह मेरी सीमा हो सकती है, किन्तु इस प्रकृति के कारण ही मुझे जीवन किसी कदर सह्य और सुन्दर लगता रहा है। प्रकृति मुझे अक्षरशः अपनी माँ लगती है : दुःखों से घिरे हुए मनुष्य की एकमात्र सान्त्वना और शरणस्थली। कितना सुखद अचरज था वह मेरे लिए, जब अनु ने मुझे मनुष्य और प्रकृति के इस गहरे रागबन्ध की जो महानतम अभिव्यक्ति हो सकती है—वैसी कविता वर्ड्स्वर्थ की—सुनायी थी। पूरी समूची कंठस्थ थी वह कविता उसे—क्या नाम था उसका—'रिकलेक्शन्स ऑव चाइल्डहुड : इंटिमेशन्स ऑव इम्मौर्टेलिटी'? हाँ, यही। जीवन में मानो पहली बार मुझे पता चला था कि कविता क्या है—कितनी ऊँची चीज़ है। अद्भुत अनुभूति थी वह! अचानक मुझे लगा था मानो अनु के रूप में स्वयं साक्षात् प्रकृति ही मुझ पर अपना रहस्य प्रगट करने को इस अरण्य में अवतरित हो गयी हो।

कैसा लगा होगा उसे, जब वह पहली बार मेरे साथ जंगल की सैर के लिए आयी थी और मेरे मुँह से निकल गया था—"कहीं ऐसा तो नहीं अनु, कि महज़ नीतीश के कहने से, मेरा साथ भर देने के

लिए ही तुम चली आयीं? सुनो, मुझे साथ की कभी कोई जरूरत नहीं पड़ी—मुझे तो बचपन से ही मीलों निर्जन में अकेले विचरने की आदत रही है।" इस पर अनु ने जैसी चोट खायी निगाहों से मुझे देखा था—मुझे याद आता है तो बड़ी ग्लानि होती है।..."ओके सर, अब आपको आगे कभी डिस्टर्ब नहीं करूँगी। माफ़ी चाहती हूँ।"...कितना बुरा लगा था उसे! कितना असभ्य और जंगली लगा हूँगा उस क्षण, मैं उसको!

"नहीं-नहीं, मेरा वो मतलब क़त्तई नहीं था अनु", मैंने उसके कंधे को थपथपाते हुए कहा था—"आइ डू लाइक योर कम्पनी। इन फैक्ट आयी माइसेल्फ़ वांटेड टु आस्क यू। आयी फील सो हैप्पी ऐंड रेलीव्ड दैट या डिडण्ट हैव टु"...। शायद कुछ ऐसा ही कहा होगा मैंने—बिगड़ी बात बनाने की अपनी नर्वस हड़बड़ी में ही...कि "कितना अच्छा हुआ जो नीतीश ने मेरे मन की इच्छा भाँप ली और मुझे खुद नहीं कहना पड़ा तुमसे"...। अनु तो इतनी चतुर सयानी है। क्या उसने इतना भी नहीं भाँपा होगा कि अब यह महाशय मेरी नाराज़गी से हतप्रभ होकर ही मज़बूरी में मुझे मक्खन लगा रहे हैं। जरूर भाँपा होगा। अब तो उल्टे मुझी को उसके साथ की लत सी लग गयी है—मानो एकान्त की लत और अनु के सामीप्य की लत दोनों एक ही बात हों। सच में, कभी-कभी तो एक अजीब रहस्य-रोमांच का अनुभव किया है मैंने—एक अजीब आनन्द...और एक अजीब अज्ञात भय भी जिसमें आपस में घुल-मिल गये हों...

और वह दूसरा एकान्त—इस जंगली डाक बँगले का? वह एकान्त, जो मुझे अपनी एक इससे भी गहरी ज़रूरत की तरह लगने लगा था पिछले कुछ वर्षों से? ...मेरा वह रहस्य, जिसमें मैं किसी को भी—नीतीश और अनु सरीखे आत्मीयजनों को भी साझीदार नहीं बना सकता था—वह? क्या अब वह भी मुझसे छिन जायगा? उस पर भी कब्ज़ा हो गया इस चलती-फिरती प्रकृति की मोह-माया का? ...

इन लोगों का बहुत अच्छा बँगला है—मेरे इस डाकबॅंगले से थोड़ी ही दूर पर। मैं तो कभी भी, किसी के भी यहाँ ठहरता ही नहीं—मुझे तो डाकबँगला ही रास आता है—अब तो और भी, जब से यह लिटरेचर और फिलॉसफी की लत मुझे आ लगी। नीतीश कभी बुरा भी मान सकता है कि उसके पुरजोर आग्रह के बावजूद मैं कभी उसके साथ क्यों नहीं रुकता—यह बात तो मेरे जेहन में कभी आयी ही नहीं थी। परन्तु खाने की मेज़ पर जब अभी परसों ही अनु ने अचानक वह सवाल किया कि..."सर, आप हमारे घर क्यों नहीं रुकते? वह भुतहा डाकबँगला ही आपको क्यों इतना पसन्द है?" तो मैं बुरी तरह चौंक गया था। उसकी टोन से ही मुझे लग गया था कि उसे और नीतीश को यह बिलकुल अच्छा नहीं लगता कि उनके यहाँ इतनी जगह और तमाम सुविधाओं के होते हुए भी मैं क्यों अलग रहना पसन्द करता हूँ। तो मैंने साफ़ कह दिया था—"भई, मुझे तुम्हारे क्या, खुद अपने घर से भी ज़्यादा यह डाकबँगला ही 'सूट' करता है, तो मैं क्या करूँ? इसमें मेरा कोई वश नहीं—यह मेरे स्वभाव की, मेरी फितरत की ही माँग है। मगर...चलो—अगर तुम्हारा इतना ही इसरार है तो मैं अगली बार आऊँगा तो तुम्हारे साथ ही रुक जाऊँगा—ठीक है?"

क्यों कहा मैंने वैसा? क्या जरूरत थी मुझे खामखाह की यह फँसावट मोल लेने की?

तब तो महज़ पीछा छुड़ाने की गरज़ से मैंने कह दिया होगा। मगर...अव? ...यह कैसी मुसीबत मोल ले ली मैंने? किसने सोचा था तब,...कि मेरे साथ क्या घटने वाला है! और किस क़दर घिर जाऊँगा मैं!

किसे पता था वह अनाम भयमिश्रित आनन्द की अनुभूति... जो कभी-कभी क्षण भर को मुझ पर छा जाती थी...जंगल की परिक्रमा करते हुए वह इस तरह साकार हो जाएगी। और अकस्मात्...इस तरह मुझे दबोच लेगी?

अनु के लाख मना करने पर भी मैं सदा उसे उसके बँगले के फाटक तक पहुँचाकर ही वापस लौटता था। कल उसे जाने क्या सूझी—जैसे ही हम उस मोड़ पर पहुँचे, वह अचानक सीधा रास्ता छोड़कर टीले की ओर ले जाने वाली पगडंडी की तरफ़ मुड़ गयी। ...“देखूँ तो सही, इस डाकबँगले में ऐसा क्या है जो आपको हमारे और खुद अपने घर से भी ज्यादा अपना ‘घर’ लगता है।” मैं तो हैरान- स्तम्भित रह गया कि यह क्या हुआ? इसको यह क्या सूझी? ऐसा तो यह कभी नहीं करती थी। आज इसको हो क्या गया है? इसे तो यह भी पता नहीं होगा कि यह इस समूचे इलाके का सबसे पुराना डाकबँगला है—और यहाँ अभी तक बिजली भी नहीं है। लालटेन से ही काम चलाना पड़ता है।

सच में, उसे पता नहीं था। क्योंकि वह कमरे में घुसते ही स्विच ढूँढने लगी थी। “बिजली नहीं है”—मैंने कहा तो वह विस्मय और अविश्वास से मुझको घूरने लगी। “बहुत मनहूस लग रहा होगा ना तुम्हें—चलो तुम्हें तुम्हारे घर छोड़ आऊँ”—मैंने कहा तो वह तुनक गयी।...“चली जाऊँगी सर, थोड़ा सुस्ता तो लेने दीजिए”। ...इतने में चौकीदार लालटेन जलाके ले आया। वह हाथ पीछे बाँधे घूम-घूमकर कमरे का मुआयना करने लगी और फिर ‘वाऊ! वाऊ!’ चीखती हुई वहीं मेज़ पर खुली पड़ी मेरी डायरी के पृष्ठ उलटने-पुलटने लगी। मुझे बड़ा विचित्र लगा। मैंने कुरसी खिसकाते हुए कहा—“बैठो अनु”। पर वह तो कुर्सी में न बैठकर डायरी साथ में लिये हुए सीधे पलंग पर ही पसर गयी।...“एक्सक्यूज़ मी—आज तो आपने मुझे बुरी तरह थका मारा। कितना तेज़ चलते हैं आप! यह भी नहीं देखते कि जो अभागा जीव आपके साथ आ फँसा है वह आपके साथ क़दम मिलाके चल भी पा रहा है कि नहीं? ...”

“सॉरी अनु!”—मैंने कहा। उसका यह चुलबुलापन मेरे लिए बिलकुल ही अप्रत्याशित और त्रस्त कर देने वाला था। मैं बेहद अटपटा महसूस कर रहा था। यह भी नहीं कह पा रहा था कि

"क्या कर रही हो? मेरी डायरी क्यों पढ़ रही हो? ...इसे छूने का हक़ किसी को नहीं"। मैं तो बस हक्का-बक्का किंकर्तव्यविमूढ़ अपनी जगह पर कीलित-सा खड़ा रह गया था।

"क्या सोच रहे हैं सर?"–अचानक डायरी बन्द करके वापस मेज पर उसे पटकती हुई वह बोली–"क्या आप अपने मेहमान को एक प्याली चाय भी नहीं पिलायेँगे?" वह एक झटके से उठी और जैसे सब पता हो, इस तरह खुद ही बाहर जाकर चौकीदार को चाय के लिए आवाज़ लगाने लगी। चौकीदार आ ही रहा था इतने में चाय लेकर। जैसे ही चाय ख़त्म हुई, उसने मेरा चेहरा अपनी हथेलियों में भर लिया और अपनी आँखें मेरी आँखों में गड़ा दीं।

अध्याय छह

यह क्या हुआ? कैसे हुआ? ...कल्पनातीत है यह घटना-क्रम! भगवान् ही जानता है कितनी मुश्किल से मैंने अपने आपको उस भँवर में डूबने से बचाया। कितनी मुश्किल से अपने को उसकी बाँहों...उसकी साँसों...की गिरफ्त से छुड़ाकर उसे उसके घर पहुँचाया।

"भीतर चलिए ना!" अनु के स्वर की सहजता ने मुझे और ज़्यादा असहज बना दिया।

"नहीं अनु"—मैंने कहा। "मुझे एक ज़रूरी काम है। मुझे जाने दो। गुडनाइट..." बिना उस पर निग़ाह डाले मैं उल्टे पाँव वापस डाकबँगले ओर मुड़ गया। कुछ दूर निकल जाने के बाद मैंने चोर निग़ाहों से पीछे मुड़कर देखा तो वह वहीं उसी जगह, बिना फाटक खोले यथावत् खड़ी थी—मुझी पर अपनी नज़र गड़ाये। मैंने हाथ हिलाया, पर उसने कोई प्रत्युत्तर नहीं दिया। तब मेरी समझ में आया कि वह चकित और रूष्ट है—मेरे उस तरह नीतीश से तक मिले बिना उसे फाटक पर ही छोड़ जाने से। अमूमन नीतीश हमें बरामदे में ही टहलता मिलता है। वही फाटक खोलता है और हम थोड़ी देर उसकी बैठक में सुस्ताते-गपशप करते हैं। उसके बाद ही मैं लौटता हूँ अपने डेरे पर। कभी-कभी तो रात का भोजन भी उन्हीं के यहाँ करना पड़ता है।

नीतीश क्या सोचेगा?—अब जाकर पहली बार मेरे मन में आया। क्या मेरा इस तरह उससे बिना मिले लौट जाना उसे अजीब नहीं लगा होगा? कहा तो था अनु ने—"भीतर चलिये"। क्यों नहीं मानी मैंने उसकी बात? कैसी विचित्र स्थिति में डाल दिया मैंने उसे? ...

क्या मैं नीतीश का सामना करने से बचना चाहता था? ... परन्तु,...ऐसा ही तो मैं अनु की ओर से भी सोच रहा था। क्या? ...यही ना, कि अभी-अभी जो कल्पनातीत हमारे बीच घटा है, उसके तुरन्त बाद तो अनु भी अपने पति का सामना मेरी उपस्थिति में कैसे कर पाएगी? कितना मूर्खतापूर्ण था मेरा वैसा सोचना? अपराधियों जैसा। जबकि अनु तो बिलकुल सहज थी। वह तो, जैसे, मानकर ही चल रही थी कि मैं रोज की तरह उसके साथ उसके घर थोड़ी देर बैठूँगा और रोज़ की तरह हम तीनों की आपसी गपशप भी चलेगी ही। सच में...अनु तो बिलकुल भी असहज नहीं थी—मानो कुछ भी ऐसा अप्रत्याशित या ग़लत न हुआ हो। मानो यह आज की शाम भी पिछली और तमाम शामों की ही तरह हो!

लेकिन...क्या मैं सचमुच ही अपराधी अनुभव कर रहा था? कर रहा हूँ? ऐसा भी कैसे कहूँ? कैसी अद्‌भुत ऊर्जा की तरंगें मेरे समूचे बदन को झुला रही थीं...अभी तक मेरा रोम-रोम विद्युन्मय है...झनझना रहा है। और,...दूसरी तरफ़ मैं शायद इसी कारण, इसी अनुभूति को यथावत् अपने भीतर जिलाये रखना चाहता था—उसे रोज़ की रूटीन में बिला जाने से बचाना चाहता था...तभी तो मन ही मन यह भी मनाता रहा था कि नीतीश अभी तुरन्त सामने न पड़े तो कितना अच्छा हो! तभी तो, वैसा ही होने पर बड़ी राहत-सी महसूस हुई थी मुझे। मैं तो जल्दी से जल्दी, बिना किसी विघ्न-विक्षेप के अपने कमरे के उस टिमटिमाते एकान्त में ही लौट जाने को अधीर था...अपने रोम-रोम में झनझनाती उस विद्युत्तरंग के साथ। ...उसे और गहरे अपने भीतर घुलाने के लिए...

नहीं! यह तुमने बिलकुल ठीक नहीं किया। नीतीश भी क्या सोच रहा होगा! अनु ने क्या बताया होगा उसे, कि 'सर' क्यों भीतर नहीं आये? बाहर से ही उसे छोड़कर बिना मिले क्यों चलते बने?

...पर अब पछताना व्यर्थ था। भूल-सुधार की कोई गुंजाइश

ही नहीं बची थी। मैं तेज़ी से डग भरता हुआ अपने कमरे में दाखिल हुआ और चौकीदार को आवाज़ देकर खाना लगाने को कहा।

तभी अचानक फोन की घंटी बज उठी। नीतीश ही था।

"सर, आप चले क्यों गये? हम लोग खाने पर आपका इंतजार कर रहे हैं। लगता है आप तो भूल ही गये।"

एक पल तो मुझसे कुछ बोलते ही नहीं बना। नीतीश ठीक ही तो कह रहा था। हुई तो थी ऐसी बात कुछ। मगर...तब फिर अनु को भी तो मुझे याद दिलाना था न! मैं तो अपनी ख़ब्तुलहवासी में चौकीदार को भी बताके नहीं गया कि खाना नहीं बनाना है।

नहीं! अब नहीं।

"नीतीश, सुनो। आयम सॉरी! मैं बिलकुल भूल गया और अब तो खाना भी लगा दिया है चौकीदार ने। तुम लोग खा लो। कल मिलते हैं। गुडनाइट।"...इससे पहले कि उधर से नीतीश कुछ कहे, मैंने तुरन्त फोन रख दिया।

ग़नीमत हुई कि वह खुद ही मुझ पर नहीं आ चढ़ा। मेरे उस तरह फोन रख देने से ही वह समझ गया होगा कि 'सर' आज मूड में नहीं हैं। पर क्यों? किस कारण? निश्चय ही अब वह अनु से पूछेगा। जानना चाहेगा कि 'सर' का मूड क्यों उखड़ा हुआ है? क्या हुआ?

अनु क्या बतायेगी उसको? कैसे उसे कन्विन्स करेगी कि ऐसी मूड उखड़ने जैसी कोई बात नहीं हुई।

चाहता तो मैं एक दिन और रुक सकता था। एक मन तो मेरा सचमुच यही कह रहा था, पर दूसरा मन कहता था—'निकलो यहाँ से फौरन। नहीं तो फँस जाओगे बुरी तरह। क्या यह नीतीश के साथ विश्वासघात नहीं है? क्या तुम अब इसके बाद उसके साथ पहले की तरह सहज हो सकते हो? ठीक है कि इसमें अकेले तुम्हारा दोष नहीं है। जो कुछ हुआ, अनु की मर्ज़ी से, अनु के कारण ही हुआ। पर तुम्हें तो सम्हलना चाहिए था। आखिर...तुम,

उसके पति के गुरु हो, अभिभावक हो और इसीलिए उसके भी।

...मगर जो कुछ हुआ, हुआ कैसे? तुम कैसे इस तरह इस प्रकरण में अपनी भागीदारी और जिम्मेदारी से इस तरह पल्ला झाड़ ले सकते हो?

उसका इस तरह अचानक मचल उठना...रोज़ के नियम के सर्वथा विपरीत उसका अचानक मेरे साथ डाकबँगले जाने की ज़िद ठान लेना...मेरे इस वीरान कमरे में घुस-पैठ मचाकर उसका इस कदर चहकना-बहकना...मेरी डायरी मुझसे पूछे बिना झपट कर पढ़ने लगना...मेरे पलंग पर इतनी बेफिक्री से पसर जाना...फिर अकस्मात् मुझे भी अपने पास खींच लेना...मेरे चेहरे को अपनी हथेलियों में भर के मुझे एकटक निहारने लगना...! ऐसे में क्या मैं चाहकर भी अपनी नज़रें हटा सकता था उस पर से? ...वह चाहती क्या थी? यही ना कि मैं भी उसे देखूँ—खूब अच्छी तरह देखूँ उसे,—वैसे ही, जैसे वह मुझे देख रही है;...जैसे मैंने उसे कभी नहीं देखा।

और...फिर? फिर क्या हुआ था? क्या था उन आँखों में, जो मैं हटा ही नहीं पाया अपनी आँखों को उन पर से? डूब गया उन्हीं में...और एक बेहोशी सी छा गयी मुझ पर।...और, फिर...

मैंने ही उसे खींच लिया अपनी बाँहों में? कि वही खुद मुझसे आ चिपटी? ...उसने पहले मेरी आँखों को चूमा कि मैंने पहले उसकी आँखों को? पहले मेरे होंठ उसके होंठों से जा लगे कि उसके? ...कुछ भी तो भान नहीं मुझे। जाने कित्ती देर तक हम चूमते और चूसते रहे एक दूसरे को...मुझे तो ऐसा ही याद पड़ता है कि उसी ने वह सब किया था...मैं तो अपनी सुध-बुध ही गँवा बैठा था...। हाँ बस, उस बेसुधी की हालत में भी कुछ था जो बार-बार कौंध उठता था मेरी आँखों के सामने—बहुत पहले का,...पिछले जनम जितनी दूर का एक दृश्य...जो इतने सारे बरसों में कभी मुझे

याद तक नहीं आया था...बारम्बार क्यों मुझे लग रहा था उस बेसुधी में भी...कि यह सब कभी पहले भी घटित हो चुका है।... बिलकुल वही, बिलकुल वैसे ही...मुझे चूमते-चूमते उसने अपनी जीभ मेरे मुँह में डाल दी है...और मैं उसे चूस रहा हूँ बिलकुल वैसे ही...

अनु मुझे छोड़ ही नहीं रही थी। दोनों बाँहों से मुझे कसके भींचे वह मुझे चूमे जा रही थी...चूमे ही जा रही थी और बीच-बीच में फिर-फिर उसी तरह अपनी हथेलियों में मेरे चेहरे को थामे, अपने पूरे बदन का बोझ मुझ पर डाले मुझ पर झुकी हुई वह मुझे अजीब कौतूहल से निहार रही थी, और मैं मंत्रमुग्ध-सा उसका नाम जपे जा रहा था–'अनु! अनु! अनु!...'

तब अचानक एक झटका-सा लगा। मैंने उसे ठेलकर अपने से अलग किया और उसकी बॉह पकड़कर उसे पलँग से उतारा... कहा–"अनु! चलो, बहुत देर हो गयी। नीतीश चिन्ता कर रहा होगा कि ये लोग कहाँ रह गये!"...और,...बग़ैर उसके कुछ बोलने का इंतज़ार किये मैं उसे लगभग खींचता हुआ बाहर निकल आया और वहाँ से पगडंडी की तरफ़...

यही न था–यही न है वह कुल घटना-क्रम? मैं इसमें क्या हूँ? क्यों हूँ? कैसे हूँ? जाहिर है अनु मुझे प्यार करती है, चाहती है मुझे जी-जान से और निछावर कर देना चाहती है अपने को मुझ पर। उसे पक्का भरोसा है कि मन ही मन मैं भी उसे प्यार करता हूँ कि मैं भी उसे उसके जितना ही चाहता हूँ; और मन ही मन उसका प्यार पाने को विकल हूँ। बस थोड़ी-सी पहल करने भर की देर है और फिर उसका पूरी तरह कब्जा हो जायेगा मुझ पर। मैं खुद तो कभी अपनी ओर से पहल नहीं कर सकूँगा; पर वह करेगी तो मैं प्रतिरोध नहीं कर पाऊँगा। ढह जाऊँगा एक ही वार में।

तो, क्या उसका ही अनुमान सही था? ...मगर मुझे इतना अरसा हो गया इन दोनों से मिलते-जुलते। मैंने तो कभी अपने होश

में ऐसी कामना तो क्या, कल्पना भी नहीं की थी। अच्छा, बहुत अच्छा लगता रहा है अनु का साथ मुझे। पर क्या आज से पहले मुझे कभी धुँधला-सा भी अहसास हुआ था, मेरे प्रति उसकी भावनाओं का?

नहीं! यह पहली बार ही नहीं था—उसका तुम्हें इस तरह एकटक निहारना। तुम बराबर महसूस करते थे उसकी आँखों को अपने चेहरे पर। ...हाँ, अपनी ओर से खुद चाहते हुए भी तुम उसे उसी तरह भर-आँख निहारने से बचते-कतराते रहे थे। क्यों? भला क्यों? इसीलिए ना, कि तुम्हें भीतर ही भीतर कहीं बहुत डर लगता था उस खिंचाव से, जो इकतर्फा नहीं था, दोतरफा था—तुम्हारे उसे निरन्तर झुठलाते रहने के बावजूद। नहीं?

पता नहीं। मैं तो बस उतने से ही संतुष्ट था—उसका सामीप्य भर पा लेने से। इससे अधिक की चाह मुझे भला होती ही क्यों?

नीतीश से क्या मुझे कोई कम लगाव है? अनु के अच्छा लगने और पास आने की एक ठोस वजह क्या यही न थी और यही न है कि वह नीतीश की पत्नी है जिसे नीतीश बेहद प्यार करता है—इतना प्यार, कि जो दूसरों को किंचित् अतिरिक्त और अनर्गल भी लग सकता है—उसकी 'ओवर-प्रोटेक्टिव' मुद्राओं के कारण। कभी-कभी तो मुझे ऐसा प्रतीत होने लगता था, जैसे वह उसकी सहधर्मिणी नहीं, छोटी बहन हो, छोटी-सी बच्ची हो, जबकि दोनों के बीच उस तरह उम्र का फासला भी नहीं। नीतीश तीस-बत्तीस के आसपास होगा तो वह उससे दो-एक साल ही छोटी होगी। अरे, हाँ, अभी पिछले महीने ही तो उसका अठाईसवाँ बर्थ-डे मनाया था।

परन्तु...सब सवालों का सवाल और हैरानियों की हैरानी यही तो है कि अनु ने मुझमें ऐसा क्या देखा जो उसे नीतीश में नहीं दिखायी देता? हर सम्बन्ध की अपनी मिठास और अपनी ही एक स्वायत्त

गरिमा होती है। वात्सल्य और अभिभावकत्व जैसी भावनाओं के साथ एक सहज मैत्री-भाव भी तो पनप ही सकता है। अनु के प्रति मेरी भावना क्या उसी के मेल में नहीं थी और क्या वह अपने में पर्याप्त नहीं थी?

तब फिर, अभी-अभी मुझे क्यों ऐसा लगने लगा है कि यह जो मेरे साथ घटित हुआ, वह शून्य में घटित नहीं हुआ : उसकी भी एक पृष्ठभूमि है, जिसका मुझे सही-सही अनुमान नहीं था।

पर,...यही तो सवाल उठता है कि क्यों नहीं था? होना चाहिए था—बिलकुल होना चाहिए था। कितनी सारी बातें, कितने सारे प्रसंग अब मुझे याद आ रहे हैं जो मुझसे कुछ कह रहे हैं। परन्तु...आज से पहले तो मुझे उनमें ऐसा कुछ भी नहीं दीखा था; अब अचानक क्यों दीखने लगा?

क्या मैं उन लक्षणों को देखकर भी अनदेखा करता रहा? वे लक्षण क्या उसी में प्रगट हो रहे थे? गहरे कहीं, मेरे अनजाने, प्रच्छन्न रूप से मुझमें भी नहीं पनपते रहे थे? प्रच्छन्न इसलिए, कि मेरे चेतन मस्तिष्क द्वारा बलपूर्वक दबाये हुए। तभी तो...जरा सा ढक्कन हटते ही कैसे कितने वेग से बाहर उफन आये! कैसे पता चलता है आखिर एक स्त्री को, कि ऊपर से इतना धीर-गम्भीर, शान्त और सयाना दीखता पुरुष अपने अन्तर्घट में इस क़दर भूखा-प्यासा है? कैसे वह भाँप लेती है तुम्हारे भीतर सात-सात परदों के पीछे दुबकी कामना को? स्वयं अपनी ही कामना की तीव्रता और विह्वलता से ही ना? ...कि, यह रहा मेरा 'मनेर मानुष', जो मुझे ठीक उसी तरह और उतना ही प्यार कर सकता है जिस तरह और जितना प्यार किये जाने को मैं कब से तरसती-तड़पती रही हूँ।

कैसी अबूझ और अतलान्त प्यास! कहाँ दुबकी हुई थी यह प्यास? ऐसा तुम्हारी जड़ों तक को हिला देने वाला तूफान? वह भी इस उम्र में!

क्या वह नीतीश से सन्तुष्ट नहीं? ...इतना सुन्दर, स्वस्थ और सलीक़ेदार पति भला किसी भी स्त्री के लिए क्या विरल सौभाग्य की बात नहीं? दोनों को साथ देखकर कोई भी यही न अनुभव करेगा कि कितनी बढ़िया जोड़ी है! तब फिर?

और अगर दोनों के बीच कोई रिक्ति है तो उसे मैं ही भर सकता हूँ—ऐसा क्यों? ...हे भगवान्! हे परवरदिगार! यह क्या है? क्यों है? कैसा तूफान है यह, जिसने मुझ सरीखे अपनी उम्र के लगभग आखिरी पड़ाव पर पहुँच चुके पुरुष की सारी समझदारी और सयानेपन को पलक मारते निगल लिया? अब इस घटना के बाद मैं कैसे इन दोनों के साथ सामान्य सम्बन्ध निभा सकता हूँ? सब कुछ तो उड़ा ले गयी वह मेरा—मेरी सात परदों के पीछे छुपी असलियत पलक मारते अपनी सम्पूर्ण नग्नता में उसके सामने उजागर हो गयी।

अध्याय सात

अगले दिन सुबह ही मैं बिलासपुर के लिए रवाना हो जाने वाला था। मन में आया तो था एक बार, कि नीतीश और अनु से मिलके सीधे निकल जाऊँ—कोई तगड़ा-सा बहाना बनाकर। बहाना मैंने गढ़ भी लिया था। पर जाने मेरी कैसी फितरत है कि अपना गढ़ा हुआ झूठ भी मेरी जुबान तक आते-आते पिघल जाता है—कुछ और ही निकल जाता है मुँह से। मैंने फोन उठाया और नम्बर मिलाते-मिलाते भी बीच में ही उसे रख दिया। सोचा, अब रायपुर पहुँचकर ही फोन करूँगा। ऐसी भी क्या हड़बड़ी है!

परन्तु...वे लोग क्या सोचेंगे? अनु क्या सोचेगी? नीतीश क्या सोचेगा? पूछा तो होगा ही उसने, कि—"सर को क्या हो गया? चले क्यों गये इस तरह बिना मिले?" फोन भी तो किया था उसने। अरे...जिस तरह मैंने उसका आग्रह ठुकराया—अपनी आदत के खिलाफ़ जाकर दो टूक रूखेपन के साथ—उससे नीतीश को कैसा महसूस हुआ होगा! क्या कहा होगा उसने?

मैं अभी इसी ऊहापोह में पड़ा था कि नीतीश धड़धड़ाता हुआ डाकबँगले ही आ पहुँचा।

"सर! क्या बात है? हमसे कोई खता हुई क्या?"

"नहीं भई। तुम्हें ऐसा क्यों लगा? दरअसल मैं कुछ लिखने के मूड में था। अपने साथ अकेला होना चाहता था, बस इसीलिए...। तुमसे कभी जिकर नहीं किया...मैंने..."

"क्या लिख रहे हैं सर? आत्मकथा?" नीतीश ने मुझे बीच में ही टोक दिया।

"अरे नहीं भई। आत्मकथा मैं क्या लिखूँगा। क्यों लिखूँगा! बस, यही कि...ज़िंदगी भर जो कुछ करता रहा हूँ, वन और पर्यावरण को लेकर, उसी को आधार बनाकर कुछ चिन्तन चलता रहा है। चाहता हूँ, वह सिर्फ एक विशेषज्ञता की नुमाइश भर न लगे : उसमें से एक सम्पूर्ण जीवन-दर्शन सरीखा भी कुछ झलके। ऐसा जीवन-दर्शन, जो सब तरह के लोगों को अपील करे, उनके काम आये। अब ऐसा है...तुम तो–जानते ही हो–यह काम जिस एकाग्रता की माँग करता है, वह घर पर रह के सम्भव नहीं। मुझे डाकबँगलों का एकान्त ही रास आता है, लिखने के लिए।"

क्या कोई यक़ीन करेगा मुझ पर कि जब मैं यह बोल रहा था, तब खुद ही अपनी सूझ पर हैरान हो रहा था, जो वैसे बिलकुल मनगढ़ंत तो नहीं थीं, परंतु ऐसा 'रहस्य' अवश्य थी, जिसे मैं अपने तक ही रखता आया हूँ अभी तक। कभी किसी पर भी जाहिर नहीं होने दिया है, मैंने अपना वह रहस्य। किसी को–घर के लोगों तक को–ख़बर नहीं कि मैं डायरी रखता हूँ और सिर्फ रखता ही नहीं–बाकायदा लिखता भी हूँ। वन और पर्यावरण का मेरी डायरी से उस तरह सीधा सम्बन्ध भी नहीं था। सम्बन्ध था तो; मगर परोक्ष।

"सर", नीतीश बोला–"आपको याद दिला दूँ कि अगली बार आपको हमारे पास ही ठहरना है। आपको कोई विघ्न नहीं पहुँचेगा, इसकी मैं गारंटी देता हूँ। अनु भी आपसे तभी मिल सकेगी जब आपकी इजाज़त होगी या जब घूमने जाना होगा।"

"ठीक है", मैंने कहा–"अब मैं निकलूँगा। तुम मुझे छोड़ दो।"

"ऐसे कैसे?" नीतीश ने कहा। नाश्ता करके जाएँगे। अनु ने स्पेशल खमण ढोकला बनाया है।

वही, जो भाभीजी से पिछली बार सीखके आयी थी।"

अनु वैसी ही रोज़ की तरह सहज और प्रफुल्ल मिली। उसे

देखकर मेरी जान में जान आयी। एक पल तो मुझे यक़ीन ही नहीं हुआ कि यह वही स्त्री है कल शाम वाली।

कुछ भी तो नहीं बदला था। सब कुछ वैसा ही...और दिनों की ही तरह...जैसे कभी कुछ हुआ ही नहीं हो। सपने में ही घटा हो वह सब। अब मुझे पछतावा होने लगा कि क्यों खामखाह हड़बड़ी मचायी! रुक ही जाता एक दिन और, तो कितना अच्छा होता! बस, एक दिन और...

आँखों ही आँखों में अनु ने भी यही कहा। प्रकट में ऐसा जताया जैसे उसे कोई आश्चर्य नहीं हुआ, अचानक मेरा कार्यक्रम बदल जाने से।

अध्याय आठ

उक्त घटना के एक पखवाड़े के भीतर ही मैंने अगले टूर का कार्यक्रम बना लिया।

जैसे-जैसे मेरे टूर का समय निकट आ रहा था, मेरी उलझन भी बढ़ती जा रही थी। दोनों मुझसे वचन ले चुके हैं कि अब की डाकबँगले में नहीं, उन्हीं के घर में ठहरना है।

मैंने अनु को फोन लगाया। "सुनो अनु, ज़िद मत करो। डाकबँगला ही मुझे माफिक आता है। तुम्हें भी तो वह पसन्द है। नहीं? वहाँ हम कुछ क्षण तो साथ बिता ही सकते हैं उस दिन की तरह।...घर तो अनु, आखिर घर ही है।...कभी भी कोई अवांछनीय स्थिति उत्पन्न हो सकती है।"

"अवांछनीय क्या?"...अनु खिलखिला कर हँस पड़ी...भला इसमें हँसने की क्या बात थी? एकदम पागल है यह तो। उसकी हँसी थी कि रोके नहीं रुक रही थी।..."क्या हो गया तुम्हें?" मैंने खीझकर कहा—"तुम चाहती क्या हो—मैं न आऊँ? ड्रॉप कर दूँ?"

"ओके सर, ओके, मुझे आपका फैसला मंजूर है। अब तो खुश? ...और हाँ, अबकी मेरे लिए क्या ला रहे हैं? बताइए।"

"बहुत कुछ"—मैंने कहा—'चार हिन्दी के और चार रूसी उपन्यास—बढ़िया अंग्रेजी अनुवाद उनके। तुम्हारी तबियत खुश हो जायेगी।"

मैं निश्चिंत हो गया। चलो, बला टली।

मगर घंटे भर के भीतर ही नीतीश का फोन आ गया।

"नो सर। नथिंग डुइंग। यू हैव ऑलरेडी गिवन योर वर्ड।

नो-नो...दिस टाइम आयम नॉट गोइंग टु लिसन टु यू। नैक्स्ट टाइम...ओ.के. ...नैक्स्ट टाइम, यू आर फ्री टु हाइड...योरसेल्फ इन योर सीक्रेट पैरेडाइज़..."

'ओके, नीतीश, ओके"—मैंने भी हथियार डाल दिये।

पहला दिन। हमेशा की तरह शाम की सैर में अनु मेरे साथ थी। साक्षी हो वह शालवनों का द्वीप, जहाँ हम समय को लाँघकर, भूलकर एक दूसरे में निमग्न, एक दूसरे से एकजान...एक दूसरे की साँसों को पीते रहे...पीते रहे।...साँप-बिच्छू, बन्दर, गिरगिट, गिलहरी, झींगुर...समूची अरण्यानी, समूची सृष्टि को साक्षी बनाकर...। जीवन और मृत्यु दोनों क्या एकाकार ही नहीं हो गये थे हमारे लिए उन पलों में?

और...जब हम अपनी अलग-अलग इयत्ताओं में वापस लौटे और...होशमंद हुए अपने आसपास के प्रति,...तब तक झुटपुटा हो आया था। एक-दूसरे का हाथ पकड़े लगभग भागते हुए हमने वह वन-वीथी पार की। नीतीश फाटक पर हमारी प्रतीक्षा करता मिला—चिन्तातुर। हमने उसे आश्वस्त किया कि हमें जंगल में नहीं, डाकबँगले में देर हुई क्योंकि अनु को बहुत कुतूहल था वह 'भुतहा घर' देखने का। चाय की फर्माइश की इसने तो चाय पिलाने का भी बन्दोबस्त करना पड़ा।...बहुत थक गयी थी आज यह।

नीतीश इस 'एक्स्प्लेनेशन' से आश्वस्त हो गया, ऐसा लगा।

दूसरे दिन दूसरी शाम...पहली शाम की ही पुनरावृत्ति। फिर भी पुनरावृत्ति कैसे कहा जाय उसको? 'क्षणे-क्षणे यन्नवतामुपैति, तदेव रूपं रमणीयतायाः।'

मैंने कहा—"अनु, मैं जैसे तुम्हें तुम्हारे नाम से पुकारता हूँ,

वैसे ही तुम भी क्यों नहीं मुझे मेरे नाम से ही पुकारतीं?" यह 'सर-सर' कब तक चलेगा?"

"मुझे यही अच्छा लगता है"—उसने कहा। "आपको अच्छा नहीं लगता क्या?"

"मुझे तुम्हारा सब कुछ अच्छा लगता है अनु"—मैंने कहा। "मैंने तो यों ही पूछ लिया।"

और...तीसरा दिन? ...तीसरे दिन क्या हुआ? यह मैं नहीं बता सकता। अनु ही बता सकती है—बतायेगी कभी शायद। या फिर,...नीतीश।

फिर भी...कुछ तो कहना ही होगा—कुछ तो सुनना ही होगा जो मुझे साफ़-साफ़ सुनायी दे रहा है इस वक्त...उस दिन की ही तरह...

अध्याय नौ

मेरी रवानगी से कुछ ही घण्टे पहले...जब दोपहर के भोजन के बाद...मैं अपने कमरे में आराम कर रहा था...अचानक दरवाजे पर दस्तक हुई और नीतीश अनु के साथ नमूदार हुआ। अनु सीधे मेरे पास आयी और मुझसे लिपट गयी।

"सर,...मैं नीतीश से कुछ भी नहीं छुपा सकती। मैंने साफ़-साफ़ बता दिया है इसको, कि मुझे 'सर' से प्यार हो गया है। और, जब इसने पूछा कि 'सर' भी तुमसे प्यार करते हैं क्या? तो मैंने कहा—'हाँ, मुझे लगता है वे भी मुझे प्यार करते हैं।' इसको यकीन ही नहीं हो रहा है सर! आप दिलाइए ना इसको यक़ीन। नहीं तो यह भी यही सोचेगा और मैं भी यही सोचने लगूँगी कि आप मुझे बिलकुल प्यार नहीं करते...।"

अक्षरशः यही न था वह संवाद,—उस संवाद का मात्र एक अंश—जो उस दोपहर उन तीन व्यक्तियों के बीच घटित हुआ था?—तुम्हारे होशोहवास के चिथड़े उड़ा देता हुआ..., तुम्हें हक्का-बक्का कर देता हुआ?

फिर? फिर क्या हुआ? वही ना, जो होना ही था, बल्कि हो चुका था...पिछली, बल्कि उससे भी पिछली शाम को...जब तुम एकाएक फिंका गये थे अपनी उम्र से कम से कम पैंतीस बरस पीछे...एक ही झटके में। क्या वह पुनरावृत्ति ही नहीं थी उस प्रथम प्रेम की, जो कभी—मानो किसी पूर्व जन्म में, मगर वास्तव में इसी जन्म में बिलकुल इसी तरह अप्रत्याशित तुम पर आ टूटा था और जिसमें भी पहल एक स्त्री की ही थी?

नहीं-नहीं! पुनरावृत्ति वह हो ही कैसे सकती है? जीवन में कभी कुछ भी क्या दोबारा उसी तरह घटित होता है? हर अनुभव अपने आप में अद्वितीय और अभूतपूर्व होता है। आमूलचूल नया। न यह स्त्री ही उस लड़की जैसी है। कितना फर्क है दोनों के बीच! फिर भी...फिर भी, असलियत तो वही है ना!—वैसा ही अन्धा, अबूझ और अतलांत आवेग! वैसा ही तुम्हारे समूचे वजूद को एकबारगी उखाड़कर अपने साथ बहा ले जाने वाला तूफान!...तुम सचमुच ही पैंतीस साल पहले की एक ऐसी ही शाम में फिंका गये थे। और...उसने क्या कहा था? ...यही ना, कि "मैं तो कुछ भी नहीं जानती सर। आपने जाने कैसा जादू कर दिया है मुझ पर..., कि मैं खुद को ही नहीं पहचान पा रही।

इतना ही नहीं..., क्या उससे भी हजार गुना ज्यादा अप्रत्याशित और अविश्वसनीय नहीं था वह संवाद, नहीं वह फोनालाप,...जो नीतीश और तुम्हारे बीच घटित हुआ...? उसके उस दिन के स्वगत-भाषण के कई-कई दिनों के बाद...

> सर, आपको क्या बताऊँ कि आपने इस अनु का कैसा कायाकल्प कर डाला है! कायाकल्प के सिवा और इसे क्या कहा जा सकता है सर, मैं नहीं जानता। मैं तो एकदम ही चकरा गया हूँ कि क्या यह वही औरत है या कोई और? ...आपको कितना अटपटा लग रहा होगा, मगर मुझे कहने दीजिये सर—कहे बिना रहा नहीं जा रहा मुझसे, कि आपने एक ऐसी स्त्री को—जिसे, मुझे लगता था, अपने स्त्री होने का ही भान नहीं है—उसे सचमुच की एक भरी-पूरी स्त्री में बदल डाला है—उसके उस स्त्रीत्व को जगाकर, जिसका पता ही उसे अभी तक नहीं चला था। आपके सामीप्य ने उसे क्या से क्या कर डाला है सर,...मैं कितना आपका कृतज्ञ हूँ...यह आपको बताये बिना मुझे कल ही नहीं पड़ सकती थी।...

आज इतने दिनों, महीनों बाद उस अघटनघटना को याद करता हूँ तो उसी तरह सहम जाता हूँ जैसे उस दिन सहम गया था। दिनदहाड़े का दुःस्वप्न था वह। पर क्या उसे दुःस्वप्न कहना संगत होगा?

नीतीश ही जानता होगा, जिसने वह सब घटित किया। जो उसका सूत्रधार बना।

या..., क्या पता;...वह भी नहीं जानता?

अध्याय दस

'अचानकमार' से लौटे मुझे एक हफ्ता भी नहीं हुआ होगा कि अचानक एक दिन फोन की घंटी बजी। मैंने फोन उठाया तो बुरी तरह चौंक पड़ा। अनु थी। इसके पहले आज तक कभी भी उसने दफ्तर में मुझे फोन नहीं किया था।

"कैसे हैं सर? क्या मैं आपको 'डिस्टर्ब' कर रही हूँ?"

"अरे अनु! तुम दफ्तर में क्यों फोन कर रही हो? घर पर करतीं ना!"

एक पल ख़ामोशी। दूसरे ही पल...

"सर,...घर पर भाभीजी पूछेंगी किसका फोन था, तो आप क्या कहेंगे?"

अब ख़ामोश होने की बारी मेरी थी।

"क्यों सर?"—वह खिलखिलायी। ठीक ही किया न मैंने?"

"बिलकुल नहीं"—नक़ली नाराज़गी का अभिनय करते हुए मैंने कहा—"क्या मेरे घर के लोग तुम्हें नहीं जानते? इसमें ऐसी क्या बात है?"

"सच्ची में कह रहे हैं सर? कोई बात नहीं है?"

"........"

"सर, यूँ ही आपकी आवाज़ सुनने को मन हो आया। वैसे मन तो कई दिन से—आप जबसे यहाँ से गये—तभी से हो रहा था। आप नाराज़ तो नहीं हैं ना मुझसे?"

"मैं! और नाराज़ तुमसे? कैसी बात कर रही हो? बताओ क्या कर रही हो?"

"सर, वो जो आप लाये थे—दोनों किताबें पढ़ लीं मैंने। नैक्स्ट टाइम आप क्या लायेंगे मेरे लिए, बताइये।"

"हाँ, हाँ बताओ, तुम्हें क्या चाहिए? किताबों की मेरे यहाँ क्या कमी है?"

"अभी नहीं, बाद में बताऊँगी। अभी तो ऐसे ही आपकी आवाज़ सुनने को अकुला रही थी तो मुझसे रहा नहीं गया। कितने दिनों से तड़फड़ा रही हूँ...मगर हिम्मत नहीं हो रही थी।..."

"हाँ अनु, चुप क्यों हो गयी? बोलो ना! तुम्हारी आवाज़ कितनी मीठी लग रही है! डाकबँगले की उस शरबत सरीखी चाय से भी ज्यादा मीठी।"

"सच्ची में? ..." वह चुप हो गयी।

"सचमुच। बोलो ना अनु। चुप क्यों हो?"

"सर...उस दिन तो नहीं पूछ सकी मैं। अब पूछ रही हूँ... इतने दिनों बाद, कि आप आये क्यों नहीं थे उस शाम खाने पर?"

"ओह, तो तुम्हीं ने नीतीश से फोन करवाया! मुझे पकड़ मँगाने? क्यों?"...

"और नहीं तो क्या? आपने मना क्यों कर दिया?"

"नीतीश को मैंने बता दिया था। उसी से पूछ लेना। कुछ तो बताया ही होगा उसने। नहीं बताया?"

वह फिर खिलखिलाई। "अच्छा तो नीतीश से मैं क्या यह कहूँगी कि मैंने उस बात को लेकर इतने दिनों बाद सर को फोन किया और सर ने मुझसे कहा...?"

"सॉरी अनु, सॉरी। कोई खास बात नहीं। यूँ ही मैं अपने साथ अकेला रहना चाह रहा था। तुम्हें उसी तरह अपने पास..., अपने उतने ही पास महसूस करना चाहता था। फिर से जीना चाहता था उन क्षणों को उसी तरह।"

उधर एकदम चुप्पी छा गयी। मुझे भी लगा—यह मैंने क्या कह दिया! यह भी क्या कहने की बात है!

"सर, सुना, आप इन दिनों कुछ लिखने में लगे हुए हैं। नीतीश ने मुझे बताया था–मैं तो भूल ही गयी। सर, क्या मैं पूछ सकती हूँ आपसे–आप क्या लिख रहे हैं?"

"अरे, ऐसे ही कुछ?" मेरी जान में जान आयी।

"क्या आप डायरी लिखते हैं?" उसने अचानक जड़ा तो मैं बुरी तरह चौंक पड़ा। इसे कैसे पता चला? अरे हाँ, वहीं मेज पर तो रक्खी थी, उस शाम। उलटी-पुलटी भी तो थी इसने। पर, उसकी याद क्यों दिलाऊँ अपनी तरफ से? मैंने अबोध होने का अभिनय किया।

"हाँ अनु, लिखता तो हूँ। मगर...तुम्हें कैसे पता चला? अच्छा तो...मैं समझ गया। इसका मतलब...तुम भी लिखती हो डायरी। क्यों? मैंने पकड़ लिया ना तुम्हारा भेद?"

लगा, इस बार चौंकने की बारी उसकी है। एक क्षण खामोश रहने के बाद उसे क़बूल करना ही पड़ा।

"सर आप ग़लत कैसे हो सकते हैं! लिखती हूँ कभी-कभी। ऐसे ही, जब बहुत उदास और अकेला लगता है।"

"मुझे कब पढ़वाओगी?"–मेरे मुँह से अचानक निकल पड़ा।

...फिर से उसके हँसने की आवाज़...

"सर, डायरी क्या दूसरों को दिखाने को लिखी जाती है? अगर मैं भी आपसे ऐसी ही माँग करूँ तो? आप देंगे मुझे अपनी डायरी पढ़ने को?"

"क्यों नहीं?" हड़बड़ी में मेरे मुँह से निकल गया और उसी क्षण मुझे लगा इससे ज़्यादा बचकानी बात और क्या होगी! पर अब हाथ से छूटे हुए तीर को अपने तरकश में वापस कैसे लौटाऊँ!

"अनु!"–अपनी हकलाहट को भरसक काबू में रखते हुए मैंने कहा–"अनु, हमारे पास क्या कुछ अब भी एक-दूसरे से छुपाने लायक बचा है?"

एक लम्बी चुप्पी।...मैं यह क्या कह गया? "सुनो अनु"–अपनी

ही आवाज़ मुझे अजीब ढंग से फँसी-फँसी लग रही थी। "तुम जब भी चाहो, मुझे फोन कर सकती हो। मोबाइल नम्बर नोट कर लो, इसी पर करना। कब? सुबह आठ और नौ बजे के बीच। तब मैं अपनी स्टडी में होता हूँ—बिलकुल एकान्त में।...और यूँ कभी-कभार तुम चाहो तो दफ्तर में भी कर सकती हो—यही समय ठीक रहेगा। पर भरसक तभी, जब घर पर बात न हो पाये।

अध्याय ग्यारह

तीन-चार माह तक रोज़ाना यही सिलसिला चलता रहा। बीच-बीच में—अचानकमार के चक्कर लगते रहने के बावजूद। मुझे लत-सी पड़ गयी थी फोन पर अनु की आवाज़ सुनने की। कभी ऐसा भी होता कि दो-तीन दिन बीत जाते और फोन नहीं हो पाता। तब मैं बुरी तरह अकुला उठता। उसी ने इस बीच एक दिन मुझे कह दिया था कि अब से फोन वही करेगी—मैं न करूँ। नीतीश का काम ही कुछ ऐसा है आजकल, कि उसका घर ही उसका दफ्तर बन गया है। दफ्तर वह जाता है कभी-कभी, पर कोई बँधा समय नहीं है उसका। अब यूँ तो उसकी उपस्थिति में भी वह कर ही सकती है—उसे कुछ भी अस्वाभाविक नहीं लगेगा और मैं भी नीतीश से बात करने के बाद उससे कह ही सकता हूँ कि अनु को फोन दो। उसे अच्छा ही लगेगा। किन्तु...

यह 'किन्तु'—जल्द ही हमारी समझ में आ गया—मामूली 'किन्तु' नहीं है। आवाज़ सुन लेना भर पर्याप्त नहीं है : यह जानलेवा प्यास ऐसे नहीं बुझती। तिस पर अब दोतरफ़ा की बजाय इकतर्फा हो गया सिलसिला...और अन्तराल भी बढ़ने लगे...तो अकुलाहट भी उसी अनुपात में,...कि अकस्मात् यह अतिरिक्त सजगता क्यों? जो अभी तक नहीं थी।

किसने सोचा था यह फोन नाम की चीज़ भी किसी की ऐसी ज़रूरत बन जा सकती है कि जिस दिन न मिले, जान पर ही आ बने। कभी-कभी मैं—बुरी तरह घबड़ा जाता। कैसी पगली प्यास है यह? क्या हो गया है हमें? जैसा भी जो भी अपराध भाव सरीखा

उस दिन डाकबँगले वाली घटना के बाद जगा था और कई-कई दिनों तक पीछा करता रहा था–मेरा (उसका नहीं, वह तो इससे एकदम ही अछूती जान पड़ती थी) वह अपराध-भाव जाने कहाँ और कब का छू-मन्तर हो गया था। मेरी सारी चेतना अब अनु के आसपास ही मँडराती रहती थी। उसी की आवाज़ के उतार-चढ़ाव पर, उसी की चुप्पियों और खिलखिलाहटों के इर्द-गिर्द ही सिमट कर रह गयी थी। मानों दुनिया में हम दोनों के सिवा और कोई हो ही नहीं! बमुश्किल अपने को याद दिलाना पड़ता था कि अनु का और मेरा अपना भी कोई घर-बार है और उसमें हमारे इस पागलपन के लिए रत्ती भर भी गुंजाइश नहीं हो सकती।

ऐसे में एक दिन नाश्ते की मेज़ पर मेरी पत्नी ने अचानक मुझसे सवाल किया–"तुम आजकल अपनी स्टडी में बन्द होकर किसको फोन करते रहते हो घण्टों?" पहले तो कभी इस तरह तुम्हें फोन से चिपटे नहीं देखा।"

मैं जैसे आसमान से गिरा। परन्तु, दूसरे ही क्षण मैंने यथासम्भव अपने को संयत करते हुए अपनी तुरतबुद्धि से ऐसा झूठ गढ़ मारा जिसने मेरी पत्नी को आश्वस्त किया हो, न किया हो, तत्काल के लिए उसे चुप तो कर ही दिया।

"अरे, वही मेरे जर्मन प्रोफेसर-मित्र। तुम तो मिली ही हो, उनसे जर्मनी में–वही। पता है, वे आजकल अपनी जीवन-कथा लिखने में जुटे हुए हैं। उन्हें जाने कैसे यह भ्रम हो गया कि मैं भी कुछ वैसा ही करने में जुटा हुआ हूँ। तो...तुम तो जानती हो, कैसे खब्ती हैं वे। लिख भी रहे हैं और खुद ही बार-बार संदेहग्रस्त भी हो जाते हैं कि आत्मकथा सचमुच लिखी भी जा सकती है क्या? लिखना चाहिए क्या? ...बस इसी बात को लेकर यही सब उटपटाँग बहस करते रहते हैं मुझसे।"

वाह री मनगढ़न्त तुरतबुद्धि की! मगर एकदम सफ़ेद झूठ भी तो नहीं। बहुत पहले कभी इन्हीं जर्मन गुरु के साथ मेरे लम्बे-लम्बे वार्तालापों का दौर चला था। पत्नी को वह याद था इसीलिए उसने फिर आगे कुछ नहीं कहा। हालाँकि मुखमुद्रा उसकी किंचित् मुस्कुराहट के बावजूद इतनी मुलायम नहीं थी कि मन पूरी तरह आश्वस्त और निश्चिंत हो जाय।

बहरहाल..., ख़तरे की घंटी बज चुकी थी और उसे अनसुना करते रहना असम्भव था। अगले ही दिन, जब नियत समय पर अनु की आवाज़ फोन पर सुनायी दी तो मैंने बिना एक भी पल गँवाये उसे वस्तुस्थिति स्पष्ट जता दी और यह भी बता दिया कि आइन्दा यह फोनालाप दो-चार मिनट से ज्यादा नहीं खिंचेगा।...हद से हद पाँचेक मिनट...और वह भी रोज़ नहीं तीसरे-चौथे दिन। फोन का वक़्त भी मौक़ा देखते हुए आगे या पीछे खिसकाया जा सकेगा। दफ्तर में भी कभी-कभी छोटा-सा फोन कर लेने में कोई हर्ज नहीं।

एक हफ्ते के भीतर ही मगर, यह रास्ता भी जैम हो गया। कान लगातार सीढ़ियों पर कभी भी सुनायी दे सकने वाली आहट पर ही लगे रहते। अनु कहती—"सर, यू आर नो लौंगर योरसेल्फ। नॉट विद योर अनु। यू आर समव्हैर एल्स"।...और मैं खामखाह कुढ़ जाता..."ओह, अनु, डोण्ट बी सिली। व्हॉट डू यू मीन बाई 'सम व्हैर एल्स"? आइ ऐम व्हैर ऐंड व्हॉट आइ ऐम।"...बेचारी अनु मेरी इस अबूझ चिड़चिड़ाहट से और ज्यादा त्रस्त हो जाती। उसे छोटा फोन करना सिखाना तो उसकी वैसी मनोदशा में असम्भव ही था।

तब...एक दिन मेरे भी धीरज का बाँध टूट गया। मैंने 'जो होगा देखा जायगा'...के मूड में फोन मिलाया और अनु की परिचित आवाज़ सुनायी दी, तो मैं...जाने कैसे एकदम ही टूटकर बिखर गया।

अनु! अनु! मैं नहीं जानता और जानना भी नहीं चाहता मैं

किसलिए और क्यों कलप रहा हूँ। मैं क्या करूँ अनु! मैं सब तरफ़ से घिर गया हूँ। मेरी समझ में नहीं आ रहा मैं क्या करूँ? तुमसे कैसे क्या कहूँ? अनु! तुम मुझे मिली ही क्यों? मैं तो जो भी, जैसी भी, जिन्दगी मिली थी मुझे जीने को—उसी से संतुष्ट था। तुमने कहाँ से यह कैसी प्यास जगा दी मुझमें अनु, कि मुझे तुम्हारे सिवा कुछ सूझता ही नहीं, कुछ दीखता ही नहीं। तुम कैसे जान सकती हो, कैसे जानोगी—मैं किस क़दर तुम्हारी एक झलक भर पा लेने के लिए तड़प रहा हूँ। अनु! मेरा सारा ज्ञान-ध्यान सब निछावर हो चुका है तुम्हारी उन आँखों पर, जो रात-दिन देखती हैं, मुझे और मेरे आर-पार भी। बताओ अनु, तुम क्यों आयीं मेरे इस अभिशप्त जीवन में? इसीलिए ना, कि तुम भी जाने-अनजाने मुझे ही खोज रही थीं और जब मैं तुम्हें दीख गया तो तुम्हें मुझे पहचानने में एक क्षण भी नहीं लगा : तुमने, तत्काल मुझे अपने क़ब्ज़े में कर लिया और कहा—"यह बच्चा मेरा है। इसे कोई नहीं छीन सकता मुझसे। इसके रोम-रोम पर मेरी मुहर लगी हुई है।"

"अनु! यह सिर्फ तुम्हारे मेरे बीच की बात है। परन्तु यह संसार इस सम्बन्ध को नहीं स्वीकार कर सकता। मैं मज़बूर हूँ अनु, मैं इस संसार को तुम्हारे मेरे बीच से हटा सकने में नितान्त अक्षम हूँ। हमें परे जाना होगा इस संसार की शर्तों से। वहीं हमारा-तुम्हारा मिलन संभव है अनु! यहाँ इस संसार में नहीं।"

बेशक, यह मेरा अपना अन्तरंग प्रलाप था जो मैं अनु को नहीं सुना सकता था। मेरे हाथ में फोन था जो ऐसी बातों के लिए नहीं बना। क्या अनु मेरे इस आन्तरिक एकालाप को सुन पाएगी? जैसे मैं भी उसकी सारी अनकही सुन पा रहा हूँ?

प्रकट में मैंने शायद इतना भर कहा—"अनु! बस डेढ़-दो

हफ्ता और। मैं आ रहा हूँ तुम्हारे पास। मैंने पूरे तीन दिनों का टूर बनाया है इस बार। अब हमारे प्यार का यह फोनी दौर ख़त्म ही हो गया समझो। हमें इसके बिना ही अपने प्यार को जीना सीखना पड़ेगा।

अनु रो पड़ी फोन पर ही। 'मैं आपकी आवाज़ सुने बिना एक दिन भी नहीं रह सकती सर। प्लीज़ ऐसा मत कहिए। मैं रोज़ फोन करूँगी आपको—रोज। जब तक आमने-सामने आपको पा नहीं लेती। आप ही, जब भी आप मेरे साथ बात करने की स्थिति में न हों, चुपचाप फोन बन्द कर देना। अच्छा, एक काम तो कर सकते हो। आप ही मुझे फोन करना और जब भी कोई डिस्टर्बेन्स हो, चुपचाप काट देना। मैं समझ जाऊँगी। आप ही मुझे बता देना कि मैं आपको फोन कब करूँ, कैसे करूँ। मुझे अपनी आवाज़ से वंचित मत करना सर।...मैं...

"गले लग जाऊँ?"—हर बार की तरह उसका वही तकियाकलाम...। फोनालाप की शुरुआत और आखिर में भी दोनों बार।

'हाँ, अनु! हाँ-हाँ-हाँ।

अध्याय बारह

"अनु! क्या बात है...आजकल तुम मुझे फोन क्यों नहीं करतीं? मैं जब भी बात करता हूँ...घंटी बजती रहती है...उठाता ही नहीं कोई। और, उठाता भी है तो वह नीतीश की ही आवाज़ होती है। जब से लौटा हूँ तुम्हारे यहाँ से...। कहीं तुम इसलिए तो नाराज़ नहीं हो कि मैं इतना कम क्यों रुका? मजबूरी थी अनु! इस पूरे हफ्ते के दौरान सिर्फ...सिर्फ एक ही बार तुमसे बात हुई है। अभी भी...मुझे यकीन ही नहीं हो रहा है कि यह तुम ही हो।"

"मैं ही हूँ सर।...हाँ इस बीच आपको फोन नहीं कर सकी। मेरी तबियत ठीक नहीं थी सर।...बातचीत तो रोज़ ही करती हूँ आपके साथ।...आपको सुनायी नहीं देती क्या? ...मुझे तो...जब भी आप मुझे पुकारते हैं, तत्काल सुनायी दे जाती है आपकी आवाज़..."

"........"

"अनु! नीतीश भी फोन नहीं करता आजकल मुझे—क्या बात है? तुम ज़रूर मुझसे कुछ छुपा रही हो। मैं साफ़ चेंज महसूस कर रहा हूँ।...कुछ हुआ ज़रूर है जो तुम मुझसे भी शेयर नहीं करना चाहतीं।...है ना? मुझे बताओ अनु! मैं बहुत परेशान हूँ।"

"........"

"चुप क्यों हो अनु? बोलो ना...कहाँ तो हम रोज़ फोन पर मिलते थे, कहाँ इस पूरे हफ्ते सूखा पड़ा रहा। पहले...जब भी तुम फोन पर नहीं होती थीं, नीतीश उठाता था तो तुम्हें आवाज़ देके बुलाता था। कहीं आसपास हुईं तो मेरा फोन सुनते ही तुम्हें पकड़ा देता था। या मुझी से कहता था—'सर, आप पाँच मिनट बाद फिर

से करेंगे?' ...या 'रहने दीजिए, वह खुद कर लेगी।'

और सचमुच ही पाँच मिनट के भीतर ही तुम्हारा फोन आ जाता था। सचमुच तुम्हारी आवाज़ सुनायी देने लगती थी। यह क्या हो रहा है अनु? क्या मेरी आशंका सही है? ...क्या नीतीश को अचानक हमारी नज़दीकी अखरने लगी है? पछतावा होने लगा है अपने ही किये पर? ...अक़्सर फोन बीच में ही कट जाता है...या 'स्विच ऑफ़' मिलता है। पहले तो ऐसा कभी नहीं होता था। अब अचानक यह क्या होने लगा? ...अनु, कितने दिनों बाद तुमने खुद मुझे फोन किया है...मुझे तो पहले यक़ीन ही नहीं हुआ कि यह सचमुच मेरी अनु की आवाज़ है। मैंने तो उम्मीद ही छोड़ दी थी कभी तुम्हारी आवाज़ सुनने की।..."

"........"

"क्यों क्या हुआ?"

"सर, आप इत्ता निराश मत होइए। सब ठीक हो जाएगा सर। मैं खुद महसूस कर रही हूँ कई दिनों से...उसे अच्छा नहीं लगता हमारा फोन करना एक दूसरे को। पहले तो ऐसा कभी नहीं हुआ। इधर...कुछ ही दिनों से वह अजीब-सी हरकतें कर रहा है। उसे जलन हो रही है, जाहिर है। पर...सर...क्या यह नैचुरल नहीं है? ज़रा नीतीश की जगह आप खुद को रखके तो देखें..."

"........"

'अनु!...मैं यह क्या सुन रहा हूँ अनु? ...तुम ठीक तो हो? आखिर एकाएक ऐसा क्या हो गया जो...मुझे बहुत फिकर हो रही है...

'कुछ नहीं हुआ सर। आप मेरी फिक्र न करें। बिलकुल न करें। मेरी फिक्र करने वाला तो है ही।...मुझे तो आपकी चिन्ता है...आप अपने को सम्हालिये सर...अपना जतन करिये। सुनिये सर,...अभी आप बोलिये नहीं, सिर्फ सुनिये...सिर्फ सुनिये मेरी बात। कितने दिनों बाद तो आपसे बात हो पा रही है। आज आप

सिर्फ अनु को सुनें—अपनी अनु को—ठीक है? ...सर...यह भी एक दौर है, जो...जो मुझे यक़ीन है...जल्द ही बीत जायगा...और हम फिर से पहले की ही तरह..."

"........"

"क्या हुआ?"

"कुछ नहीं अनु, कुछ नहीं। तुम बोलो—ये मैं सुन रहा हूँ।"

"........"

"मैं खुद ही हैरान हूँ सर, नीतीश में अचानक आये इस उलट-फेर से। कैसी अबूझ पहेली है यह! जिसके लिए मैं किसी भी तरह तैयार न थी। एक पल को भी नहीं सोच सकती थी मैं, कि नीतीश ऐसा भी कर सकता है। वही तो पुल था हमारे बीच—वही तो चाहता था—उसी ने तो मिलाया था मुझे आपसे। कितना खुश होता था हमें साथ-साथ देखकर! अब वही ऐसा करने लगेगा—आपसे फोन करना तक उसे इस क़दर खटकने लगेगा—मैं तो स्वप्न में भी ऐसी कल्पना नहीं कर सकती थी। पर अब मैं सोचती हूँ सर, क्यों नहीं कर सकती थी? कर सकना चाहिए था। आखिर यह वही नीतीश तो है। कुछ बात होगी—तभी न ऐसा कर रहा है! सोचना पड़ेगा सर...मुझे भी, आपको भी, अब,...कि आखिर क्यों ऐसा हो रहा है।

"आपको पता है? अरे...मैंने आपको बताया नहीं? बताया तो था। उसने एक बार नहीं, कई बार मुझसे कहा था—"मैं तुम लोगों को प्यार करते देखना चाहता हूँ। देखूँ तो सही, तुम लोग कैसे प्यार करते हो।" मैं हमेशा उसकी बात को हँसकर उड़ा देती थी। परन्तु वह सचमुच सीरियसली ऐसी इच्छा जाहिर करता था जो—जैसा कि आपने मुझसे कहा था—बिलकुल ही वाहियात बात थी। मैंने कह भी दिया था एक दिन उससे...बार-बार उसे वही रट दुहराते देखकर...कि..."यह बिलकुल बचकानी और वाहियात बात है—सर कहते हैं और मैं भी यही सोचती हूँ। ज़रा फर्ज करो तुम्हारे और मेरे

बीच सर के आने की बात कितनी वाहियात लगेगी।" मेरी इस दो-टूक रिपोर्टिंग से भी, हो सकता है उसे चोट पहुँची हो। हालाँकि, उस वक्त तो ऐसा लगा नहीं था मुझको। दुखी जरूर हो गया था—जैसे बच्चे अपनी जिद पूरी होती न देखके दुखी हो जाते हैं या गुस्सा करते हैं ना, वैसे ही। वैसी ही प्रतिक्रिया थी उसकी और चूँकि मैं उसे जानती हूँ—उसकी अजीबोगरीब बचकानी हरकतों को भी प्यार करती हूँ—मैंने इस बात पर ज्यादा ध्यान भी नहीं दिया था।

....

"...नहीं सर, उसमें किसी तरह की कोई गाँठ नहीं है। वह बिलकुल नार्मल है और मेरा हर तरह से खयाल रखता है। शुरू दिन से सर, शुरू दिन से। बल्कि...कभी-कभी तो,753 सर...मुझे खुद पर ही शंका हो आती है कि कहीं ऐसा तो नहीं, वह भीतर ही भीतर मुझसे असन्तुष्ट हो। यानी, वह जितना मुझे चाहता है उसकी चाहत का वैसा और उतना ही उत्कट प्रतिदान मैं नहीं कर पाती—कहीं ऐसा तो नहीं? मगर, सर, ऐसी बात पहले तो नहीं आती थी मन में मेरे; इधर ही क्यों आने लगी है अचानक? मैंने तो अपनी ओर से कोई क़सर नहीं उठा रक्खी सर...मैं कभी नहीं चाहूँगी मेरे कारण नीतीश को कोई ठेस पहुँचे। सच मानिये सर,...मैं जिस तरह अब आपके बिना नहीं रह सकती, उसी तरह नीतीश के बिना भी नहीं रह सकती। मेरा यह जो पुनर्जन्म सरीखा हुआ है, जिसे वह मेरा कायाकल्प कह रहा था...यह भी तो सर,...क्या उसी की देन नहीं है? यों भी, आप भरोसा करें मुझ पर—जो मैं कहती हूँ—कि आपके प्रति उसका आदर-सम्मान कहीं से भी, ज़रा भी घटा हो—ऐसा मुझे बिलकुल नहीं लगता। आप ऐसा बिलकुल भी न सोचें सर।...यह जो आकस्मिक बदलाव उसमें आया है, इसके लिए भी दोषी—मुझे लगता है—मैं ही हूँ, नीतीश नहीं। उसने तो जो भी किया, अपने जाने, पूरे मन से किया होगा न! मुझे खुश देखकर वह कितना

उल्लसित होता था—आपको बता नहीं सकती। कभी कभी तो... अब मैं आपको कैसे बताऊँ—कभी-कभी तो मुझे लगता था, वह मेरा सहोदर भाई रहा होगा किसी पिछले जन्म का...और अब भी उसी की परछाईं हमारे ऊपर मँडराती रहती है—इस जन्म में भी—भले हम पति-पत्नी हों, इससे क्या? ..."

"........"

"क्या हुआ सर? आप इतने परेशान क्यों हो रहे हैं?"

"अनु!...सुनो,...मुझे याद है तुम यह बात मुझसे पहले भी कह चुकी हो। तुम्हें याद नहीं होगा। पर अभी तुमने कहा तो तुरन्त मुझे खयाल आया कि तुमने यह बात मुझे पहले भी बतायी थी एक दिन। परन्तु...बीच में ही तुम्हें टोकना पड़ रहा है...मुझे जो शंका सता रही है, वह तुम्हीं से न कहूँ तो कैसे न कहूँ? ...बस यह आखिरी बात सुन लो। फिर तुम्हीं बोलना...मैं सिर्फ तुम्हें सुनूँगा। मैं तो, वैसे भी अनु, सिर्फ तुम्हीं को सुनना चाहता हूँ...तुम्हारी ही आवाज़ को। अपनी आवाज़ को नहीं। तुम्हें एक बात बताऊँ—मैं अक्सर आजकल आँखें मूँदकर तुम्हारा ही ध्यान करता हूँ...तो मुझे तुरन्त तुम्हारी आवाज़ सुनायी देने लगती है। सच में—यह कोई जादुई-चमत्कार तो है नहीं, पर कुछ तो है। तुम्हीं कोई टोना-वोना करती होगी। मुझे नहीं लगता...मेरे अलावा और कोई भी यह सुख—इस तरह हासिल कर सकता होगा।...

"सर...आप तो कुछ और कहना चाहते थे।...पहले उसी की बात करिये ना। फिर भूल जाएँगे तो बाद में पछताते रह जाएँगे कि अनु से यह बात कहने की थी—क्यों नहीं कही।"

"ओह!...मैं भूलूँगा कैसे अनु? यह भूलने की बात नहीं है—ऐसी भयंकर बात है जिससे अधिक भयंकर बात मेरे लिए कुछ नहीं हो सकती। और वह यह है अनु...कि मुझे लगता है...कहीं नीतीश मुझसे मन ही मन नफ़रत तो नहीं करने लगा है?

"प्लीज़ सर, आप ऐसी बात स्वप्न में भी न सोचें। नहीं नहीं!

ऐसा कभी नहीं हो सकता सर। आपके प्रति जैसा सम्मान उसके मन में है, वैसा तो मैंने इसका कभी किसी और के प्रति देखा ही नहीं। उसमें कभी भी, किसी कारण भी ज़रा भी कमी आये, मैं सह नहीं सकती। पर ऐसा कभी नहीं होगा सर, कभी नहीं। आखिर मेरे आपके बीच जो कुछ भी है, उसके लिए वह खुद भी तो उतना ही जिम्मेदार है जितना मैं या आप। बल्कि हमसे कहीं ज़्यादा तो वही जिम्मेदार है। अगर वह नहीं चाहता...और खुद आगे बढ़कर मुझे आपका साथ पाने को नहीं उकसाता तो क्या ऐसा होना सम्भव था? आप सोचिये तो सही। पर यह मनुष्य नामक प्राणी...इसके भीतर क्या-क्या भरा हुआ है, यह वह सब कुछ पहले से जान सकता है क्या? नहीं जान सकता सर,...अब तो यही लगता है। क्या आपको नहीं लगता, हम खुद अपने लिए किसी पहेली से कम हैं क्या? क्या हम जानते हैं, जान सकते हैं, कभी पूरा-पूरा इस दुनिया को और खुद अपने आप को? ...क्यों सर? आपको हँसी क्यों आ रही है? क्या हुआ?"

"क्या बात अनु! आज तो तुम फिलासफरों जैसी बात कर रही हो। आज तो तुम्हारा सुर ही बदल गया लगता है...अनु, मुझे बहुत डर लग रहा है अनु, कि...यह क्या हो गया?"

"सर...मुझे बोलने दीजिए सर। .. काहे का डर? किसका डर सर? ...लैट अस फेस इट ऐज़ इट इज़...लैट अस फेस दि ट्रूथ..., मुझे क्या लग रहा है, बताऊँ? मुझे लग रहा है नीतीश को पहले इसका बिलकुल भी अंदाज़ नहीं था कि वह कितनी दूर जा सकता है। और...हम दोनों भी...कितनी दूर, कितने गहरे निकल जाएँगे—उसकी पहुँच से एकदम परे—इसकी भी कोई पूर्वकल्पना उसने नहीं की होगी। आप ज़रा याद करिये, उसने क्या कहा था उस दिन, उस दुपहर...जब मुझे लेकर आया था आपके पास...याद है? ...क्या कहा था

उसने? याद करिये सर...जब आपको उस तरह हक्का-बक्का देखकर वह आपके सामने ही मुझ पर अंधाधुंध प्यार बरसाने लगा था। क्यों? किसलिए? इसीलिए ना, कि वह आपको भी वैसा ही करते देखे—जैसी कि उसकी कामना थी।"

....

"नहीं सर, टोकिये नहीं...यह हमारी, हमारी ही क्यों, उसकी भी बड़ी विकट परीक्षा की घड़ी है सर। वी जस्ट काण्ट अफोर्ड टु फॉरगेट दैट।...ज़रा याद करिये क्या कहा था उसने। मैं भी याद कर रही हूँ। आप भी याद करिये।...उसने उस दिन कहा था—"प्यार किसी की मिल्कियत नहीं। हमें खुलकर अपनी भावनाओं को, अपनी इच्छाओं और आवेगों को जीना चाहिए। इसमें कैसा परदा और क्यों? मेरा ब्याह हुआ है इससे—क्या महज़ इसीलिए मालिक बन गया मैं—इसकी भावनाओं का भी? महज़ एक रूटीन के, रीत-रिवाज़, के, बूते क्या मेरा इसकी भावनाओं पर भी कब्ज़ा हो गया? आप देखिये तो सही इस स्त्री को—कैसी पगलायी हुई है आपके प्यार में!...और कैसा भरोसा है इसका मुझ पर, कि इसने आपके प्यार में पड़ जाने की बात खुद मुझसे क़बूल की। जरा इसकी सच्चाई और इसकी हिम्मत तो देखिए..."

"सर, बीच में ही उठना पड़ रहा है। मैं कल फिर करती हूँ आपको फोन। बल्कि...सुनिये,....चिट्ठी लिखें क्या? नहीं-नहीं, फोन ही करूँगी। ठीक है? ...आप अपना ख्याल रखें...मैं फिर फोन करती हूँ आपको कल इसी वक्त।..."

अध्याय तेरह

"अनु! उसने क्या कहा था...तुम्हारे याद दिलाने की जरूरत नहीं—मुझे सब कुछ याद आ रहा है...एक-एक ब्यौरा उस दोपहर का।...क्या नीतीश को याद नहीं होगा—उसने क्या किया था...और क्या कहा था मुझसे—खुद तुम्हारे बारे में उस दुपहर...तुम्हारे सामने-सामने... तुम्हीं को साक्षी बनाकर? ...उसने कहा था—

"...सर, अब मैं भी इसकी एक ऐसी बात आपको बताऊँ जो कोई औरत इस दुनिया में अपने पति से नहीं कह सकती। पर इसी ने कही थी और इसके सामने ही मैं बता रहा हूँ आपको। शादी के थोड़े ही दिनों बाद की घटना है यह सर,...इसने पता नहीं क्यों, बिना किसी प्रसंग या सन्दर्भ के...अचानक मुझसे कहा—'नीतीश, जब भी तुम्हारी ज़िन्दगी में कोई ऐसी स्त्री आये, जिससे तुम्हें सचमुच प्यार हो जाए तो मैं तुम्हारे और उसके बीच कभी बाधा नहीं बनूँगी।'

...मैं तो देखता ही रह गया इसे—पता नहीं क्यों सूझी इसको ऐसी बात—बिना किसी कारण के, बिना किसी सिलसिले के,...अचानक...। कोई तुक नहीं था उस बात का...परन्तु, पता नहीं इसको क्या सूझी। आज मुझे क्यों याद आ रही है वह बात? ...क्या इसे तभी पता चल गया था कि मेरे साथ नहीं भी, तो खुद इसके साथ कभी भी ऐसी घटना घट सकती है? आप इस लड़की का जिगर तो देखिए। मुँह सामने कह रहा हूँ। क्यों? कहा नहीं था तुमने मुझसे ऐसा? ...सर, तब तो मुझे पता है इसने एक क्षण को भी सोचा तक

न होगा कि ऐसी नौबत एक दिन इसके पति के साथ नहीं, खुद इसी के साथ आने वाली है। और आप देख रहे हैं, जब ऐसा हुआ, सचमुच हुआ, तो इसने एक पल को भी आगा-पीछा कुछ नहीं सोचा और मुझे सब कुछ सच-सच बता दिया। कोई कर सकता है ऐसा? मैं तो अवाक् रह गया—अपने कानों पर भरोसा ही नहीं हुआ पहले तो।...'क्या कह रही हो? जरा फिर से कहो'...मैंने कहा। इसने फिर वही लफ्ज़ दुहरा दिये ज्यूँ के त्यूँ।..."मुझे तुम्हारे 'सर' से प्यार हो गया है, नीतीश"...। तब मैंने इससे पूछा 'तुम्हें तो प्यार हो गया है; मगर...सर? क्या उन्हें पता भी है? तुम्हारा यह प्यार इकतर्फ़ा है कि दोतरफ़ा? क्या वे भी तुमको प्यार करने लगे हैं सचमुच?" तब यह बोली—"नीतीश, सर ने तो अपनी तरफ़ से कभी कुछ भी जाहिर नहीं किया, मगर जिस तरह वो मुझे देखते हैं, उनकी आँखों से ही मुझे पता चलता है कि वो भी मुझे चाहने लगे हैं।"...तब फिर मैंने कहा—"ऐसा है तो चल, अभी चल, सर के पास। वे आज ही शाम को चले जाएँगे। फिर कब आयेंगे—कोई ठिकाना नहीं। हमारे पास बिलकुल भी वक़्त नहीं है। तू अपने प्यार का इजहार इसी वक़्त मेरे सामने कर। अभी बिलकुल अभी। साफ़ पता चल जाएगा कि तू जैसा सोचती है, वैसा सचमुच है भी, कि नहीं? मुश्किल से दो-तीन घण्टे ही तो बचे हैं तुम्हारे पास। तुम जी लो अपने प्यार को...भरपूर।..."

अध्याय चौदह

सर,...आप जानते हैं...उसने आपके आमने-सामने बिलकुल वैसा ही किया ना, जैसा मुझसे कहा था।...सर, वह आखिर मेरा पति है। उसे मैं जितना और जिस तरह जानती हूँ, उतना और उस तरह, उसे आप या कोई भी और जान सकता है क्या?

मगर...थोड़ा सोचिये तो सर।...सोचने की जरूरत आन पड़ी है ना, इसलिए बार-बार कह रही हूँ...मुझे भी तो सोचना पड़ रहा है जो इस तरह मैं पहले कभी नहीं सोच पायी थी। मगर क्यों नहीं सोच पायी थी सर? ...कितनी विचित्र लग रही है मुझे खुद अपनी 'नेचर'।...आज ज़िन्दगी में पहली बार अपनी 'नेचर' को लेकर मुझे सोचना पड़ रहा है,...तो क्यूँ आखिर? आप भी तो सोचिये सर।...नीतीश चाहे जितना मुझे प्यार करता हो, चाहे जितना मुझे जानता हो...मेरा वह रूप—जब मैंने आपके प्यार में पड़ने की बात इतने दो-टूक स्वर में उसे बतायी—ज़रा सोचिये—मेरा वह रूप तो उसके लिए एकदम ही अप्रत्याशित रहा होगा ना? कभी स्वप्न में भी नहीं सोचा होगा उसने, कि उसकी 'डार्लिंग' कभी ऐसा भी कर सकती है और कर सकती ही नहीं, मुझे मेरे मुँह पर दो-टूक बता भी सकती है कि मुझे प्यार हो गया है और वह भी तुम्हारे 'सर' से। सर,...उसने इस पर तुरन्त-तत्काल क्या प्रतिक्रिया की, इसको थोड़ी देर अलग रखके सोचिए सर। जैसे मैं सोच रही हूँ। एक तात्कालिक 'इम्पल्स' के तहत जोश में आकर मेरा यह पति उस दिन जो कर गुज़रा—वह क्या सचमुच जानता था पूरी तरह, कि वह क्या कर रहा है? बेशक उस क्षण की उसकी एक सच्चाई वह

भी थी। मगर सर,...क्या हमारी पूरी सच्चाई पूरी तरह हमारे बस की है? क्या हम जानते हैं—जान सकते हैं—खुद अपने आपको! सचमुच, यथातथ्य?

कैसे झेला होगा उसने मेरे उस 'कन्फ़ेशन' को? ...यह मैं आज अब जाकर सोच रही हूँ—सोचना पड़ रहा है मुझे अब। इसी तरह उसके भीतर भी, बहुत सम्भव है, वह घटना अब उसके सामने उसके उस वक्त के इम्पल्सिव रिएक्शन से अलग ही रूप में आती होगी। यह नहीं कि उसकी तात्कालिक प्रतिक्रिया सच्ची नहीं थी। सच्ची थी, तभी तो वह उस पर तत्काल अमल भी कर बैठा। मगर बाद में तो कभी न कभी उसके मन का वह दूसरा छुपा हुआ हिस्सा भी हरकत में आना ही था जो तब नहीं आया था और उसके भीतर ही भीतर दबा रहा था। पता नहीं...मेरी तो कुछ समझ में नहीं आता। बस, बार-बार यही सोच मुझे सताने लगा है, इन दिनों...कि, कैसे मुझे भी तब बिलकुल ख्याल नहीं आया कि इसे कैसा लगेगा मेरा वह 'सच' सुनकर? और वह भी, कैसा सच!...

आखिर कैसे मुझमें हिम्मत आयी उसे ऐसा सच बताने की? मगर...सर, हिम्मत आयी तो उसी के कारण ही न आयी? मैं अगर उसे जानती न होती, उस पर इस क़दर भरोसा नहीं करती, तो मैं कैसे वैसी बात कह पाती उसके मुँह पर? किसने दी यह हिम्मत मुझे? उसी ने ना? ऐसी असम्भव सच्चाई का पाठ और किससे सीखा होगा मैंने? अगर नीतीश से ही नहीं तो? और ऐसी आज़ादी का भी...। शुरू दिन से ही इसने मुझे घर की सारी जकड़बंदियों से मुक्त रखना चाहा। सिर्फ चाहा नहीं, करके दिखा दिया सचमुच। मेरी ससुराल तो वैसी ही थी जैसी हुआ करती है हमारे यहाँ। पुराने रीत-रिवाज़ों में जकड़ी हुई। इसी ने सारे रीत-रिवाज़ों के ऊपर मुझे और मेरे व्यक्तित्व को भरपूर अहमियत दी। किसी के कुछ भी कहने की परवाह नहीं की इसने; हमेशा मुझे अपने साथ रक्खा, जहाँ भी जाता, मुझे साथ लेके ही जाता। यह मामूली बात नहीं थी

सर। शुरू से ही इसने जैसी आज़ादी और बराबरी का अहसास मुझे कराया, वह मेरी प्रत्याशा से भी परे था। मुझे तो खास मालूम भी नहीं था इसके घर के बारे में। मेरे डैडी ही इस पर लहालोट थे—उन्हीं की इच्छा के आगे मुझे भी झुकना पड़ा था। नहीं तो मेरा इस झमेले में पड़ने का मन ही नहीं था बिलकुल। और...सच कहूँ तो बहुत ही निराशा हुई थी पहले-पहल मुझे। हमने तो उस तरह प्रेमविवाह जिसे कहते हैं, वह भी नहीं किया था। यह जरूर कहता है कि तुम्हें तो मैं बहुत पहले से मन ही मन पसन्द करता था। पर मुझे तो कभी इसका आभास तक नहीं हुआ।

पर....वह तो मेरी बात हुई न! इसके लिए मैं कैसे कह सकती हूँ? होगा इसके मन में मेरे प्रति कुछ वैसा--जैसा यह कहता है। मुझी को इसका पता नहीं चला तो इसमें इसका क्या क़सूर! मैं तो हूँ ही ऐसी। नहीं सर, अब नहीं। अब तो आपने मुझ पर जाने कैसा जादू फेर दिया है कि मैं कैसे कह सकती हूँ कि मैं हूँ ही ऐसी? पर, थी ऐसी सर, मैं...सचमुच थी। अपने में ही बन्द-बन्द। प्यार क्या होता है यह तो मुझे आपने ही सिखाया ना! क्यों? बताइए ना, आप क्यों आये मेरे जीवन में? क्यों? ...

सर, मैं क्या कह रही थी? मैं यही कह रही हूँ कि मैं अपने पति के साथ अन्याय करने की बात सोच भी नहीं सकती। इतने सारे पतियों को मैं देख चुकी हूँ। इसकी उनमें से किसी से भी कोई तुलना नहीं हो सकती। अब यूँ तो आदमी की जैसी जो भी कमज़ोरियाँ होती हैं, वह भी मैं कैसे जानती हूँ? इसी के साथ रहते-रहते ही तो जानती हूँ। मैं तो निहायत घरघुस्सू थी। इसी ने मुझे घर की चहारदिवारी से बाहर निकाला—इसी से मैंने तरह-तरह के लोगों के साथ 'एडजस्ट' करना सीखा। शुरू से ही इसने मुझे 'गार्जियन' की तरह इतना 'प्रोटेक्ट' करके रक्खा कि अब आपको क्या बताऊँ! अपनी माँ का सबसे लाडला बेटा है यह; परन्तु इसने उनकी भी हुकूमत नहीं चलने दी मुझ पर। चलाने की कोशिश तो

की उन्होंने; पर चली नहीं। सो इसी के कारण। हर बात में मुझे आगे करता—मेरी राय पूछता—माँ के सामने ही। जानबूझकर—उन्हें और चिढ़ाने के लिए ही मानो।

सर, आप ऊब गये होंगे। जाने क्यों मैं आज आपको यह सब बताने बैठ गयी। इसलिए सर,...कि आप इसके बारे में कुछ ऐसा-वैसा न सोचें। ज़रा धीरज से काम लें। सर, अक़्सर आप मुझसे शिकायत करते थे कि मैं आपको 'सर' क्यों कहती हूँ। पर मैं क्या करूँ...यही सम्बोधन मेरी जुबान पर चढ़ा हुआ है और इसी के कारण। इस एक सम्बोधन में नीतीश कितना कुछ उँड़ेल देता है, मैंने देखा है ना, समझा है ना, इसीलिए। आपको यह अपना गुरु-परमेश्वर मानता है; सर्वज्ञ और जाने क्या-क्या मानता है। आरती उतारते नहीं थकता आपकी। जैसे आपको 'आप' कहती हूँ ना, वैसे ही इसको भी कहती थी, एक माह भी नहीं बीता होगा हमारी शादी को, कि सीधे 'तू' पर आ गयी। क्यों? क्योंकि इसे वही अच्छा लगता था।

सर, बराबरी की बात करते तो मैंने बहुतों को देखा। मगर, सच-सच पूछिये तो कौन चाहता है यहाँ बराबरी? कोई नहीं चाहता सर, कोई नहीं। सिरफ़ यह अपना नीतीश ही बराबरी चाहता है और बराबरी को जीता भी है सच्ची में। आप बुरा न मानें तो एक बात पूछूँ? क्या यही वह दाम्पत्य-प्रेम है जिसे आप 'लव विदाउट इल्यूज़ंस' कहते हैं?—आप नहीं, आपका कामू।...या कि, यह भी एक 'इल्यूज़न' ही है—यह बराबरी की बात, जिसका 'प्यार' नाम की चीज़ से कोई सम्बन्ध नहीं?

खैर...। तो सर, मैंने इससे कहा—तू जो चाहता है वैसा ही होगा। सर, कितने सारे दोस्त हैं इसके। सबको देख लिया है मैंने। तभी तो पता चला यह उन सभी से कितना अलग है। इसकी तो बात ही निराली है सर। मैं तो...आप जो मेरी ज़िंदगी में आये—आपको भी—इसी का वरदान समझती थी। और समझती हूँ अब भी।

अब,...अगर यह भी एक 'इल्यूज़न' ही था, भ्रम ही था तो फिर सत्य क्या है? आप ही मुझे बताइये—आप तो फिलॉसफर हैं। प्रेमी फिलॉसफर। आप ही सुलझाइए ना यह गुत्थी।

....

प्लीज़...अब आप यह मत पूछिये सर...आज तक तो कभी पूछा नहीं; अब क्यों पूछ रहे हैं? अब तो हो गया जो होना था। कैसे बताऊँ सर? ...यह बताने की नहीं, समझने की बात है और आप सब समझते हैं।...तब तो मैं भी कहाँ समझती थी! नहीं! यह सच नहीं है सर, बिलकुल भी सच नहीं है। समझती कैसे नहीं थी? बिलकुल समझती थी और शुरू दिन से ही समझती थी। आप मुझे देखते थे—हाय, कितना कम देखते थे!—मगर देखते तो थे ही। और जब तक मैं आपके देखने को देखूँ, ऐसे अपनी नज़र हटा लेते थे कि क्या कहूँ! बहुत गुस्सा आता था मुझे। पर आपको तो यह भी नहीं पता चलता था कि मैं कितनी गुस्सा हूँ आप पर। कितने झेंपू थे आप! पर क्या सचमुच? ...वह 'नॉटी ब्वाय' वाली बात याद है आपको? आप हैं वह नॉटी ब्वाय, सर,—अपने शिष्य से भी ज्यादा। समझे? कि नहीं समझे? ...मैं क्या कह रही थी? मैं कह रही थी कि आप जब भी मुझे देखते थे, मुझे यही लगता था कि आप देख क्या रहे हैं, मुझे छू रहे हैं, सहला रहे हैं। सच में मुझे करेंट जैसा लगता था आपके महज़ देखने से। और, हाँ आपके बोलने से। आपकी आवाज़ मुझे सचमुच ही पागल बना देती थी। कितने सारे पुरुषों से मिली हूँगी मैं। आखिर क्यों—एक आपके ही मुझे देखने से मुझे पहली बार ऐसा करेंट लगा और पहली बार पता चला कि मैं स्त्री हूँ और यह है मेरा पुरुष...मेरे मन का, मेरी अन्तरात्मा का पुरुष। जिसे मैं प्यार करती हूँ और जो मुझे प्यार करेगा—जरूर करेगा। सुनिये सर,...नीतीश आ गया लगता है। फिर बात करेंगे। आप बिलकुल फ़िक्र न करें। सब ठीक हो जायेगा। और, हाँ, एक ज़रूरी बात जो आपको बताना चाहती थी, वह तो मैं भूल ही गयी।

आपने एक बार मुझसे पूछा था ना–'अपनी डायरी पढ़वाओगी'? याद है? ...पता है, मैं आजकल डायरी के जरिये ही आपसे बात करती हूँ। तभी मुझे चैन पड़ता है। फोन नहीं कर पाने का दुख भी थोड़ा क़म हो जाता है। आप भी तो डायरी लिखते हैं। देखी तो थी उस दिन डाकबँगले में आपकी डायरी मैंने। बहुत नाराज़ हुए होंगे ना आप मन ही मन, कि कैसी बदतमीज़ लड़की है! न पूछना, न गछना, बस खोल ली मेरी डायरी और पढ़ने लगी–ऐसे, जैसे उसी की हो।...अच्छा...फोन रख रही हूँ सर...। अच्छे से रहना, अपने को सम्हालकर रखना, अपनी अनु के लिए–समझे? ...बस तो...

अध्याय पन्द्रह

सर,

मैं आपको अब से बिलकुल फोन नहीं कर सकती। नीतीश ने साफ़ मनाही कर दी है। जब फोन करना तक मना है तो चिट्ठी लिखना तो उससे भी बड़ा, उससे भी भारी अपराध हुआ ना? परन्तु मैं वह अपराध करने को विवश हूँ। न करूँ तो आपको कैसे पता चलेगा—मैं किस परिस्थिति में पड़ी हूँ? ...जिस नीतीश ने कभी एक ऊँचा बोल भी मुझसे नहीं बोला, वही इतनी कड़ाई से मुझसे पेश आ रहा है...इतने क्रुद्ध स्वर में मुझे मना कर रहा है आपसे बात करने को, तो मुझे मानना ही पड़ेगा ना उसका हुक़्म!...अब आप भी, सर...जब तक मैं खुद ही आपसे न कहूँ, तब तक मुझे बिलकुल फोन नहीं करेंगे—समझ गये आप? ...नीतीश को जाने क्या हो गया है इन दिनों...इस टोन में तो उसने आज तक कभी मुझसे बात नहीं की। मेरा तो माथा घूम रहा है जबसे...लग तो रहा था मुझे इधर कई दिनों से,...कि वह बड़े तनाव से गुज़र रहा है...। मुझसे बोलना ही बन्द कर दिया था उसने...उसकी मीलों लम्बी चुप्पी ही मुझे जताने के लिए काफी थी कि वह अब हमें किसी तरह की कोई भी छूट देने को तैयार नहीं। आपका जिक्र तक उसे नहीं सुहाता। जब भी फोन आता है आपका—और उसे जाने कैसे पता चल जाता है कि आपका ही होगा—उसका चेहरा अजीब तमतमा-सा जाता है। अभी पिछले इतवार की बात है—फोन की घंटी बजी और उसने मुझे ऐसे घूर के देखा कि मैं पत्थर हो गयी। बोला—'बजने दो, कोई जरूरत नहीं उठाने की।' और जब घंटी बज के चुप हो गयी तो

कहने लगा—'मैं इनके घर रात-दिन इसी तरह फोन करने लगूँ इनकी मिसेज़ को—तो इन्हें कैसा लगेगा?' ...मुझे अपने कानों पर विश्वास ही नहीं हुआ। ऐसी बात आयी कैसे इसके मन में? ...दूसरे ही पल उसके चेहरे पर नज़र पड़ते ही मैं सन्न रह गयी...ऐसी अजीब घुमड़न हुई मेरे भीतर सर, कि आपको क्या बताऊँ!...

सर, आखिर मैं उसकी पत्नी, उसकी 'डार्लिंग' हूँ। क्या मैं उसे नहीं जानती? वह मुँह खोले, इसके पहले ही मुझे पता चल जाता है वह क्या चाहता है? ...कई बार तो उसे मुँह भी नहीं खोलना पड़ता—ऐसे तार बँधे हैं हमारे। पहली बार मुझे महसूस हुआ—जाने कब से वह कितना कष्ट पा रहा होगा—नहीं तो ऐसी बात उसके मुँह से निकल ही नहीं सकती थी। कैसी गुम्म चोट लगी है उसको, कि जो उसके बर्दाश्त से बाहर हो गयी है—तभी तो वह ऐसा कर रहा है। सर, मैं इसमें आपका कोई दोष नहीं देखती—दोष है तो हम दोनों का है और हम दोनों से भी पहले, हम दोनों से भी ज़्यादा खुद उसी का है। शायद वह खुद ही नहीं जानता था कि वह क्या कर रहा है, और क्यों कर रहा है? पर...सर,...इस बारे में हम पहले भी बात कर चुके हैं। उसे दोहराना क्या! सचाई तो यही है ना, जो अब आँख सामने दीख रही है...कि वह बेहद कष्ट में है और पछता भी रहा है मन ही मन, कि यह वह क्या कर बैठा और क्यों कर बैठा? सर, मुझे पता है आप नीतीश को मुझसे कम प्यार नहीं करते। आप भी तो यही चाहेंगे ना, कि वह इस गड्ढे से निकले, अपना खोया हुआ संतुलन फिर से वापस हासिल करे। सर...मुझे साफ़ दिखायी दे रहा है कि ऐसा तभी हो सकता है, जब हम एक-दूसरे से मिलना—यहाँ तक, कि फोन करना तक बिलकुल छोड़ दें। तभी उसे चैन पड़ेगा और वह अपने सहज स्वरूप में वापस लौटेगा। यह भी तो हो सकता है सर, कि हमें ऐसा कठोर संयम बरतते देखकर कुछ समय बाद खुद उसका मन बदल जाए और वह खुद ही आपसे बात करे या मुझी को आपसे फोन करने को कहे।

आप क्या सोचते हैं सर...ऐसा होगा? मेरा मन कहता है अवश्य होगा।

परन्तु...फिलहाल तो मैं अपनी ओर से आपसे बिलकुल सम्पर्क नहीं करूँगी—इतना तय है। आप भी ऐसा ही करें।... बिलकुल ही न रहा जाय, तो कभी-कभार, यानी हफ्ता-दस दिन में एकाध बार यही शाम के चारेक बजे के आसपास मुझे फोन कर लें। मैं जिस तरह नीतीश की तक़लीफ़ नहीं झेल सकती, उसी तरह आपको भी कष्ट पाते नहीं देख सकती।...सुनिये...इसमें क्या बुराई है सर,...हफ्ता-दस दिन में एक बार...सिरफ़ एक बार एक-दूसरे की आवाज़ भर सुन लेने में? क्यों? आप क्या सोचते हैं? आप इतने गुणी-ज्ञानी हैं—मैं आपको क्या सुझाऊँगी? आप ही जैसा आपको उचित लगे—जैसा आपका विवेक आपको बताये, वैसा करें। आपकी प्रतिष्ठा, आपके स्वाभिमान को कहीं से भी ज़रा-सी भी ठेस पहुँचे—यह मैं कदापि-कदापि नहीं सह सकती। सर!...अभी कुछ दिन ऐसे ही चलने दें ना! मैं तो—बात यह है सर,—कि मैं तो यह सब पचा लूँगी, झेल लूँगी—मेरी आप बिलकुल भी चिन्ता न करें.. .मगर मुझे तो उस बच्चे का ख्याल सताता रहता है...जो मानो मुझी को देखकर सोता और जागता है, रोता और हँसता है। आपके भीतर की गहराइयों में डूबकर ही तो मैंने उसकी थाह पायी है सर। पता है, आप जब बहुत तकलीफ़ में होते हैं तो क्या करते हैं? आपने पूछा भी तो था एक बार...कि अनु, तुम्हें कितना अटपटा लगता होगा? नहीं, मुझे बिलकुल भी अटपटा नहीं लगता। जो तुम हो—अपने मन के भी मन में, जो मेरे लिए—तुम्हारी 'अनु' के लिए तुम्हारा असली रूप है—मैं उसी को तो प्यार करती हूँ—मुझे क्यों अटपटा लगेगा? नहीं लगता, यह तुम खुद बहुत अच्छी तरह जानते हो—जान गये हो...तभी तो क्या सुख में, क्या दुख में वही 'मा! मा!' की रट लगाने लगते हो—जाने-अनजाने। तो...मेरी जान,...मेरी यह चिट्ठी तुम्हें मिल गयी और तुमने पढ़ भी ली—मुझे खा भी

लिया, पूरा-समूचा निगल भी लिया—यह मुझको कैसे पता चलेगा? एक फोन तो कम से कम करना ही पड़ेगा ना तुमको। फिर मैं भी सोचूँगी—तुम भी सोचना—कि अब आगे कैसे क्या करना। ठीक है? सुनिये...सुनो...क्यों नहीं तुम भी मुझे एक चिट्ठी ही लिख देते? कुछ तो निशानी तुम्हारी रहनी चाहिए न मेरे पास! डायरी तो लिखते ही हो। अपनी डायरी से तो तुम कुछ भी नहीं छुपाते होगे—है ना? अपनी सारी तकलीफ़ उसी से बयान करते होगे। सच में, सौतिया डाह जैसा हो रहा है मुझे तुम्हारी उस नीले रंग की डायरी से, जो उस दिन मैंने देखी थी—उल्टी-पुलटी भी थी—कब? उस डाकबँगले वाली शाम। तुम्हें याद है? तो...जैसे डायरी लिखते हो, वैसे ही चिट्ठी भी क्यों नहीं लिख सकते मुझे?

नहीं! नहीं! नहीं!...आप किसी भी हालत में ऐसा नहीं करना सर...कहीं नीतीश के हाथ पड़ गयी आपकी चिट्ठी, तो? जैसी उसकी हालत है इन दिनों,...हो सकता है, वह खोलकर पढ़ ले और फाड़कर फेंक दे मेरे ही मुँह सामने।...नहीं सर, उसे चिट्ठी पढ़ने की भी जरूरत नहीं। वह आपके-मेरे बीच क्या है, इसे अच्छी तरह समझता है,...इसीलिए तो इतना कष्ट भोग रहा है। सर...उसने सोचा तक न होगा कभी किसी भी दिन,...भले उसी ने मुझे आपका सान्निध्य पाने को प्रेरित किया था...; कि उसकी 'डार्लिंग' जितनी पगलायी हुई है, उसके गुरुदेव भी उतने ही पागल निकलेंगे। पता नहीं क्या सोचके उसने मुझे आपकी बाँहों में धकेला।...पता नहीं...पर जैसा जो भी उसने सोचा होगा—उसे अंदाज़ नहीं था शायद, कि असलियत उसकी कल्पना से कहीं ज़्यादा...कई गुना संगीन निकल आयेगी। मगर...सर, आपको अच्छी तरह याद होगा...उस समय तो वह बेहद-बेहद खुश था—इतना खुश,...कि मुझसे उसने कहा था साफ़...उसकी वह मुख-मुद्रा ऐन इस वक्त भी मेरी आँखों के आगे ज्यूँ की त्यूँ नाच रही है।...उसने मुझसे कहा था—'जिस औरत को मैं इतने बरसों से खोजता रहा था तुममें, वह

तो अब जाकर प्रगट हुई है तुममें।"...अरे हाँ, मेरे सामने-सामने ही तो आपको भी उसने फोन किया था—मैंने खुद इन्हीं कानों से सुना था जो कुछ उसने कहा था—आपको याद है? ...यहाँ तक कहा था आपसे उसने, कि वह आपका कृतज्ञ है कि आपके ही कारण उसकी पत्नी में कायाकल्प जैसा कुछ घटित हुआ है। क्या नहीं कहा था उसने ऐसा? और आप जानते हैं सर, उसके मुँह से यह सुनकर मुझे न तो उस तरह कोई अचरज हुआ था, न ही अटपटा लगा था। क्यों? ...आप ही सोचिए, सर,...कि आखिर क्यों कभी भी एक पल को भी मुझे ऐसा नहीं लगा कि मैं उसके साथ धोखा कर रही हूँ? मुझे तो लगता था आपको प्यार करती हूँ तो इसमें कुछ भी ग़लत नहीं है। आप ज़रूर मुझे लेकर 'गिल्टी' फील करते होंगे, करते ही थे—मुझे पता है। परन्तु मुझे तो कभी इसमें 'गिल्टी' फील करने जैसा कुछ लगता ही नहीं था। आखिर क्यों? इसी नीतीश के कारण ही ना? इसमें छुपाने जैसा कुछ लगता ही नहीं था मुझे, तभी तो साफ़-सांफ़ कह भी दिया। नहीं भी उस तरह बताती तो भी मुझे कुछ नहीं लगता। पर क्यों छुपाना? किसलिए? हमने कभी एक दूसरे से कुछ भी नहीं छुपाया। तो फिर अपने प्यार को ही क्यों छुपाती? किसलिए छुपाती?—जब यह लगातार बराबर मुझे यही महसूस कराता रहा। अपनी सहमति ही नहीं, बल्कि खुशी भी। ठीक है कि यह कुछ ज्यादा ही ड्रामा कर देता है—'इम्पल्सिव' नेचर है इसकी। पर मैं तो जानती थी न इसकी 'नेचर' को। तब तो नहीं सर,...मगर अब जरूर मुझे लग रहा है कि ऐसी नेचर होना भी कितनी बड़ी मुसीबत है!

ओहो!!!...अब जाकर मुझे कुछ-कुछ समझ में आने लगा है उसके इस सर्वथा अप्रत्याशित और विचित्र आचरण का असली कारण। ऐसा इम्पल्सिव रिएक्शन सीरियस नहीं होता। कैसे होगा? ...सर, क्या ऐसा नहीं हो सकता कि 'प्यार' का जैसा जो भी मतलब वह समझता था—हमें तब तो नहीं, मगर धीरे-धीरे हम दोनों

को एक दूसरे में इस क़दर डूबा देखकर उसके सामने अकस्मात् प्यार का एक दूसरा ही, और बिलकुल अलग ही अर्थ उघड़ आया हो, जो उसके लिए उसके अपने स्वभाव के हिसाब से सर्वथा अपरिचित-अप्रत्याशित था। और, शायद इसीलिए अनपेक्षित और असह्य भी हो गया? बेशक,...तुरन्त तत्काल तो नहीं,...मगर धीरे-धीरे उसकी समझ में यह उथल-पुथल घटित हुई होगी और तभी अचानक उसे लगने लगा होगा कि यह मैंने क्या कर दिया? यह तो अनर्थ ही हो गया।...इस तरह से तो मुझको इसने कभी प्यार नहीं किया जिस तरह इनको कर रही है...। सर, आप भी तो पुरुष हैं : पुरुषों की साइकोलॉजी आप निश्चय ही मुझसे बेहतर समझते होंगे। मुझे बताइए तो सही, क्या मुझे जो लगने लगा है अब जाकर...अचानक इसमें आये बदलाव को देखकर–वह क्या सही है? जो भी आप जानते हैं, सोचते हैं, मुझे भी तो बताइए। कैसे अब इस 'सिचुएशन' को हैंडिल करना...यह भी तो सिखाइये...जैसे प्यार करना सिखाया था।

क्यों सर? ...हाँ सर, शुरू-शुरू में तो उसने यही सोचा होगा कि यह भी एक 'फ़ेज़' है...और उसकी स्त्री में जो भी, जिस कारण भी परिवर्तन आया है, वह अच्छे के लिए ही है–उसके और मेरे दोनों के हक़ में ही है। उसे बिलकुल अनुमान नहीं था कि हम लोग इस क़दर सीरियसली इन्वॉल्व हो जाएँगे और, इस तूफ़ान में इतनी दूर, इतने गहरे जा निकलेंगे कि उसकी पहुँच से ही बाहर हो जाएँगे... जहाँ, जैसी जो भी पहचान है उसको–आपकी और मेरी,...वह पहचान ही गुम हो जायगी। हाँ सर, अब तो मुझे यही लगने लगा है कि उसके उस दुस्साहसिक 'एक्सपेरिमेण्ट' का ऐसा नतीज़ा निकलेगा, इसके लिए वह भीतर से बिलकुल भी तैयार नहीं था।

मगर...कौन तैयार हो सकता है सर? मैं अब जाकर समझी हूँ और इसीलिए खुद से भी और आपसे भी पूछती हूँ, कि इस दुनिया में ऐसा कौन पुरुष होगा जो इतना बड़ा उलट-फेर–भूकम्प

सरीखा उलट-फेर—अपने निजी जीवन में झेल सकता है? आप खुद ही जरा सोचके देखिए। कौन उठा सकता है इतना बड़ा जोखम अपने पूरे होशोहवास में? ...पता नहीं सर, मेरी उलझन, मेरी साँसत मैं आपको बता नहीं सकती कि यह क्या हुआ, क्यों हुआ, कैसे हुआ? ...मैं सच्ची में, कुछ नहीं जानती सर। आप इतने प्रेमी और ज्ञानी पुरुष हैं—आप ही मेरी, और हम दोनों की मदद कर सकते हैं। आप ही इस भँवर में हमको—खुद अपने आपको भी—डूबने से बचा सकते हैं। बाकी आपसे क्या कह सकती हूँ—जो अंड-बंड मन में आया, लिखती चली गयी हूँ। शाम की डाक निकलने ही वाली होगी। मैं यहीं बस करती हूँ। आपका फोन जब तक नहीं आ जाता मुझे धुकधुकी लगी रहेगी। बस तो...मेरे 'सर'! मेरे प्यार!...गले लग जाऊँ?

आपकी

'अनु'

अध्याय सोलह

सर! सर!

जो बात कहने के लिए आपको चिट्ठी लिखने की हिम्मत जुटायी थी—बल्कि जिस बात के कारण ही वह हिम्मत मुझमें आयी थी, वह तो लिखना भूल ही गयी और जाने क्या-क्या अंड-बंड लिख गयी—लिखके छोड़ भी आयी लेटर-बॉक्स में। अब याद आयी है तो उसे लिखे बिना कैसे रह सकती हूँ? आप भी चकित रह जाएँगे कि कहाँ तो कभी कुछ लिखती ही नहीं थी और कहाँ अब लो, दो-दो चिट्ठियाँ एक के बाद एक...! आपको याद है सर—आपसे एक बार कह बैठी थी मैं फोन पर ही,...शायद आपकी ही किसी शिकायत के जवाब में...कि "सर! मैं तो आपके साथ ही रहना चाहती हूँ"...। पता नहीं क्यूँ, आपके भीतर छुपे 'नॉटी ब्वाय' को इसमें क्या मज़ा आया था कि आप जब भी फोन करते...मेरी नक़ल उड़ाते हुए...बहुत ही शरारती अंदाज में मुझसे लड़ियाते हुए मेरा वही-वही वाक्य दोहरा देते थे...याद है? ...सच मानिये सर, वह सिर्फ चाहने भर की बात नहीं थी, यह अब पूरी तरह साबित हो चुका है। मैं अब तो और भी जोर से दुहरा सकती हूँ—दुहराऊँगी ही, कि मैं तो अब चौबीस घण्टा आपके ही साथ रहती हूँ।

कित्ती अजीब बात है न सर? ...कि, जब आप मेरे लिए सुलभ थे, तब यह बात जितनी सच थी, उससे कई गुना सच आज हो गयी है, जब सचमुच मैं आपको देखने और सुनने के लिए भी तरस गयी हूँ। सच्ची में...अब मेरे 'सर' बाहर से जितने ही दुर्लभ हो गये हैं, उतने ही मेरे भीतर के भी भीतर वे किस क़दर सुलभ हो

गये हैं! कहीं यह भ्रम तो नहीं मेरा? नहीं तो, बीच-बीच में यह 'डिप्रेशन' क्यों आ घेरता है मुझे? अब जाकर मेरी समझ में आयी है वो बात, जो आपने कही थी वहाँ उस जंगल में।...नहीं, शायद मुझसे नहीं, अपने-आप से ही कही थी आपने; पर मुझसे भी तो कही ही होगी, तभी तो मुझे सुनायी दे गयी...और...अभी और भी जोर से, और भी साफ आवाज़ में सुनायी दे रही है।...आपने कहा था—"अनु, शिखर पर पहुँचने के बाद तो उतार ही उतार शेष रहता है ना? ...ऐसा क्यों नहीं हो सकता कि जिस शिखर को हमने जाना, छुआ, उससे नीचे हम कभी उतरे ही नहीं? अटक जाएँ हम वहीं, रहे आएँ हमेशा-हमेशा के लिए वहीं?"...यह भी, कि "ऐसे असम्भव को फिर-फिर दोहराने की लालसा ही न रह जाए हमारे भीतर, तभी तो वह अनुभूति हमारे भीतर यथावत् क़ायम रह सकती है।"...पता नहीं क्यूँ और कैसे वह बुदबुदाता हुआ अस्फुट-सा स्वर आपका आज सुबह से ही निरन्तर मेरे कानों में गूँज रहा है।...तब तो मुझे होश ही कहाँ था—कुछ भी सुनने-समझने का!...किन्तु आज क्यों वह बात, वह आवाज़ मेरे भीतर के भी भीतर से गुंजित-प्रतिध्वनित होकर मुझे सुनायी पड़ रही है...समझ में भी आ रही है...ऐसे, जैसे पहले कभी नहीं आयी थी? क्या कहते हैं उसे? ...भविष्यद्रष्टा? दूरदर्शी? ...सच्ची में, कितनी सच्ची और मर्म की बात कह दी थी आपने...जंगल से लौटते हुए ठीक डाकबँगले के सामने...आपके मुँह से निकली थी वह बात।...आपको कुछ याद है? क्या आपको पता है, कितनी डरावनी, मगर कितनी सच्ची बात आपके मुँह से निकल गयी थी उस दिन?

वही तो मैं कहना चाहती थी...वही तो मैं पूछना चाहती थी चिट्ठी में,...कि, सर! इतनी सच्ची-मर्मांतक बात आपने कह कैसे दी? क्या आप ज्योतिषी हैं? हाँ...इसके साथ-साथ और भी तो कुछ बुदबुदा रहे थे आप,...जिसे सुनते ही मैंने बीच रास्ते में वहीं अपनी हथेली से आपका मुँह बँद कर दिया था...याद है? वही जीवन और

मृत्यु का इकट्ठा स्वाद चखने की बात...। "अपनी चरम तीव्रता के क्षण में कोई भी अनुभव ऐसा ही होता है और वह दोबारा घटित नहीं हो सकता।"...ऐसी ही कुछ बात। और यह भी,...कि "स्मृति से उसे पुनजीर्वित करना भी हरेक के बस की बात नहीं"...। यही न कहा था आपने उस दिन? क्या मैं आपकी कही हुई बात को ठीक से याद कर पा रही हूँ? ठीक से रख पा रही हूँ उसको? सर! आज से पहले मुझे क्यों नहीं याद आयी होगी यह बात...इस तरह? क्या अब सचमुच हमारी कठिनतम परीक्षा की घड़ी आ पहुँची है, इसलिए? आज समझ में आया मेरे, कि आपने क्या कहा था, और क्यों कहा था? ...सर! नीतीश को आपका शिष्य होने का कितना गर्व है? सच मानिये सर,...अब मेरी उसी से होड़ है। मुझे आशीर्वाद दीजिए सर, कि मैं भी आपकी वैसी ही सुयोग्य शिष्या होने का दावा कर सकूँ और इसमें नीतीश को भी पीछे छोड़ दूँ—एक ऐसे विषय की विदुषी बनने में—जो नीतीश की आपसे ही सीखी विद्या की तुलना में कहीं ज्यादा कठिन और जानलेवा विद्या है। सर, अगर आप ऐसा कर सकते हैं तो मैं भी क्यों नहीं कर सकती? पर...क्या यह इतना आसान है? आपके लिए भी? पहले मुझे ज़रूर यह लगता था कि मैं ही आपको ज़्यादा प्यार करती हूँ। मगर, अब पता चला कि आप तो मुझसे भी ज़्यादा पागल हैं। छोड़ सकते हैं अपनी अनु को? रह सकते हैं उसके बिना? और अपने प्यार को देखे-सुने बिना भी बने रह सकते हैं इतने ही प्रेमी पागल, जितने कि अभी हैं।

बस सर...अब, बस। मुझे बेतरह रूलाई छूट रही है और मैं रोना बिलकुल नहीं चाहती। मैं हँसना चाहती हूँ...जैसे आपको हँसते देखा है और देखती हूँ इन दिनों आँखें मूँद कर आपका ध्यान करते हुए। सर! क्या आपको पता है आपकी वे हँसती हुई आँखें मुझ पर कैसा जादू कर देती हैं? आप वैसे ही रहे आयें सर...वैसे ही, मेरे भीतर...मेरे भीतर के भी भीतर...बस यही मेरी कामना है, यही मेरी प्रार्थना है।...जहाँ कोई नहीं रोक सकता हमें मिलने और एकजान

हो जाने से। बहुत सम्भव है, आपके शिष्य का यह खराब मूड अभी काफी लम्बा खिंचे। आप तो उसके गुरु हैं, जिनके ज्ञान का लोहा वही क्यों, दुनिया मानती है। पर...मैं क्या करूँ गुरुदेव, जिस स्त्री को आपने मेरे भीतर जगाया है, वह आपकी ज्ञान की बातों को सुनकर भी नहीं सुन पाती, समझते हुए भी नहीं समझ पाती। अपनी चिन्ताकुल घड़ियों में वही गुरुदेव मुझे एक अबोध शिशु की तरह नितान्त निरीह-असहाय नज़र आते हैं तो मैं क्या करूँ? मैंने आपसे कहा भी था एक बार, कि बच्चा चाहे जितनी भी दूर हो, मा को तुरन्त पता चल जाता है कि वह क्या कर रहा है...रो रहा है कि खेल रहा है, भूखा-प्यासा तो नहीं है? ...आपने जाने कित्ती बार मुझे कैसी विह्वलता से 'मा' कहके पुकारा है—क्या मैं नहीं जानती? मैं सब जानती हूँ मेरी जान! और इसीलिए तुम्हारे बड़प्पन को जानते-बूझते भी मैं निश्चिंत नहीं हो पाती। कुछ करिये ना मेरे सर, कि मैं इस चिन्ता से उबर सकूँ।

सर, मेरी हिन्दी अब आपको कैसी लगती है? आपसे ही तो सीखी है। आप मुझे 'अंग्रेज़ीवाली' कहके चिढ़ाते थे ना, तभी से मैंने प्रण ठान लिया था कि मैं सीख के रहूँगी आपके ही जैसी हिन्दी। आपसे मैंने प्यार का सबक़ सीखा तो आपने ही मुझे हिन्दी से प्यार करना भी तो सिखाया। कुछ सीखी कि नहीं मैं सर? आप मुझसे संतुष्ट तो हैं ना? आप जितनी तारीफ़ करते हैं, उतना ही नशा चढ़ता जाता है मुझे, और तारीफ सुनने का—है ना? आपसे मुझे क्या नहीं मिला सर,...सभी कुछ तो मिला। आपने मुझे मेरा ही पता दिया—मेरा रोम-रोम ग़वाही देता है कि आप ने ही मुझे जताया कि मैं कौन हूँ, क्या हूँ। आपने ही मेरे भीतर कब से पथराई पड़ी 'स्त्री' को जगाया, उसे सोते की तरह खोला, उन्मुक्त झरने की तरह समूचे वन-प्रांतर में गुँजाया।...आप कहते हैं,...कि वैसा ही कुछ मैंने भी आपके साथ किया है। पर मुझे यक़ीन नहीं होता। आप सिर्फ मुझे खुश करने को वैसी बात करते हैं...मैं ऐसा बिलकुल

नहीं कह रही। मेरा रोम-रोम जानता है कि आपने किस क़दर मुझे चाहा है। वह मैं आपके कहने से नहीं, आपकी आँखों से—आपके मुझे देखने भर से जानती हूँ...आपकी उँगलियों के स्पर्श से जानती हूँ। स्त्री हूँ ना, इसलिए। क्या मैं नीतीश को प्यार नहीं करती? बेशक करती हूँ। मगर ठीक उसी तरह नहीं, जिस तरह आपको—अपने 'सर' को, मेरी जान को। यह 'मेरी जान' कहना भी मैंने किससे सीखा? याद है, जब आपने पहली बार मुझे फोन पर पुकारा तो मैंने कुछ और ही सुना था। जब बताया आपको, पूछा—"ठीक सुना था मैंने कि नहीं",...तो आप कितना हँसे थे, कितना मज़ाक उड़ाया था मेरा आपने! फिर...आप तो उसे भूल गये और मैं? ...अक़्सर फोन पर भी जैसे ही आपकी आवाज़ सुनायी दी नहीं, कि बरबस ही मेरे मुँह से निकल जाता..."मेरी जान"!...मुझे तो यहाँ तक लगने लगा था कि मैंने ही सर्वप्रथम यह सम्बोधन आपको दिया था, न कि आपने। आखिर...माँ की जान तो बच्चे में ही न होती है! कोई भी पूछ सकता है मुझसे, कि यह तुम कैसे जानती हो?—तुम्हें क्या पता? मुझे सब पता है।...

बस तो...मेरी जान! हाँ, मैं क्या तो कहने जा रही थी और... बीच में ही कहाँ भटक गयी।...मैं कह रही थी कि नीतीश को भी मैं कम प्यार नहीं करती। क्योंकि उसने भी अपने ही ढंग से मुझे जो दिया है, वह और कोई नहीं दे सकता था। आप भी नहीं सर। आप मुझसे कई-कई गुना ज्ञानी हैं ना? तो मुझसे कहीं ज्यादा सीधी पहुँच तो आपकी होगी उस परम आत्मा तक—है ना? आप मेरी तरफ़ से उससे कुछ माँगेंगे-कहेंगे तो वह अवश्य सुनेगा। मेरी तो नहीं सुनता; पर आपकी अवश्य सुनेगा। तो आप ही कहिये न उससे...कि इस पगली अनु को दोनों चाहिये : उसका नीतीश भी, और उसका 'सर' भी। सिर्फ एक से काम चलेगा नहीं उसका क्योंकि वह बनी ही ऐसी है। आप मेरा यह संदेश उस तक आज और अभी पहुँचाइए और कहिये कि अगर वह मेरी पुकार नहीं सुनेगा तो मैं मर जाना

पसन्द करूँगी। अब आप यहाँ मेरे पास तो हैं नहीं, कि यह बात सुनके तुरन्त अपनी हथेली से मेरा मुँह बन्द कर दें जैसे कि मैंने ऐसी ही किसी बात पर आपका मुँह बन्द कर दिया था। बस तो... आपकी...अरे हाँ, इसी पर से मुझे याद आया कि जब एक बार आपने पूछा था मुझसे...कब और कहाँ? ...आपको याद है? मैं नहीं बताऊँगी। आपने पूछा था—"अनु! तुम मेरी हो ना?" तो मैंने भी आपको बारम्बार चूमते हुए कहा था—क्या कहा था? ..."आपकी, आपकी, आपकी"...। याद आया? बस तो,...चिट्ठी का जवाब देंगे? नहीं, बिलकुल नहीं, कत्तई नहीं। डायरी लिखिये—मुझे पता है, पक्का पता है, एक दिन आप ज़रूर पढ़वायेंगे मुझे अपनी डायरी।...कब? जब बच्चा सचमुच बड़ा हो जाएगा और...अपना रोना भूल जाएगा सचमुच...। तभी अनु भी...ठीक है? और...हाँ, फोन जरूर कर दीजिएगा—तभी तो पता चलेगा मुझे, कि मेरी चिट्ठी आप तक सकुशल पहुँची भी कि नहीं।

आपकी आपकी आपकी

"अनु"

अध्याय सत्रह

दि नम्बर यू आर कॉलिंग इज़ नॉट आन्सरिंग

....

दि नम्बर यू आर कॉलिंग इज़ नॉट आन्सरिंग

....

दि नम्बर यू......................................

....

नेटवर्क बिज़ी

नेटवर्क बिज़ी

नेटवर्क बिज़ी

....

दि नम्बर यू आर कॉलिंग......................................

नॉट आन्सरिंग......................................

नॉट आन्सरिंग......................................

हलो!

हाँ अनु! क्या बात है? फोन क्यों नहीं उठाता कोई?

सर, प्रणाम। मैं दे रही हूँ नीतीश को। लीजिए बात करिये।

हलो सर! हाउ आर यू? ...

हलो नीतीश! क्या हाल है भई? एक फोन तक नहीं करते कभी। हद कर दी तुमने।

किसने सर?

तुमने। और किसने?

"ओह, आयम सॉरी सर।...इधर बहुत परेशानी में रहा। एक

बड़ी साजिश हुई थी...एक आकस्मिक और अभूतपूर्व अग्निकांड में बहुत सारे सागौन के कीमती पेड़ जलके राख हो गये। लोग भी सबके सब हमारे ख़िलाफ।...अब तो साबित हो गया, खुद ठेकेदार के आदमियों ने आग लगायी थी।

'व्हॉट? ...व्हॉट डू यू मीन?

'आयी मीन व्हॉट आइ से सर।

....

"सर, मैं आ रहा हूँ आपके पास। तब तफ़सील से सारी बातें होंगी। ओ.के. गुडनाईट सर!..."

"गुडनाइट नीतीश...हाउ इज़ अनु?"

"शीज़ फाइन सर। बात करेंगे?"

....

"हाँ जी। कैसे हैं सर?"

"कैसा हूँ? यह तुम पूछ रही हो? हमेशा की तरह, "बच्चा कैसा है"—यह भी नहीं पूछोगी?"

....

"बोलो अनु। चुप क्यों हो गयी?"

"...सर, मैंने पढ़ लिया वह उपन्यास, जो आप दे गये थे पिछली बार..."

"कौन सा उपन्यास अनु? मुझे तो कुछ याद नहीं।"

"परती परिकथा"

"कैसा लगा तुम्हें?"

"बहुत बढ़िया। 'मैला आँचल" से भी बढ़िया।"

"चलो अबकी आऊँगा तो उससे भी बढ़िया चीज़ें लाऊँगा।

"क्या लायेंगे—बताइए ना।"...

"रिमम्ब्रेंस आव थिंग्ज़ पास्ट। पढ़ा है?"

"मार्सेल प्रूस्त का? नहीं सर, शुरू किया था कभी...पर बीच में ही छूट गया। जरूर लेते आइएगा। नीतीश पढ़कर सुनाएगा

मुझे। इस बहाने वह भी पढ़ लेगा। आजकल 'वह' भी बहुत रस लेने लगा है। पढ़के सुनाता है मुझे उपन्यास पूरा।"

"रहने दो। नीतीश! और उपन्यास! रिसर्च पेपर सुनाता होगा।"

....

"और, सर?"...

"सुनो अनु। अभी-अभी नीतीश ने एक बुरी ख़बर सुनायी... जिससे मुझे लड़कपन में एक जोगी के मुँह से सुना गीत याद आ गया...'अगिया लागी सुंदर बन जरि गयो..."

"और सर? ..."

"और तो याद नहीं। और क्या होगा जब सुंदरवन ही जल गया? ...

"सुंदरकाण्ड के बाद तो लंकाकाण्ड ही बचता है ना!...या फिर उत्तरकाण्ड..."

....

"क्यों? ...चुप क्यों हो गयी? कुछ तो बोलो अनु।...कितनी मुश्किल से आज तुम्हारी आवाज़ सुनने मिली है..."

"ओ.के. सर, टेक केयर...गुड नाइट।"

"गुडनाइट अनु! कल फोन करोगी किसी समय? ...वही शाम चार बजे के आसपास? ...या फिर जो भी समय तुम्हें सूट करे...

या फिर, मुझे बता दो। मैं कर लूँ।"

"...गुडनाइट सर..."

अध्याय अठारह

अब मैं मुक्त हूँ। समय से पहले ही सेवा-निवृत्त। 'एक्सटेंशन' मुझे नहीं चाहिए। किसका एक्सटेंशन? एक बासी निरर्थक रूटीन 'सेल्फ़' का ही न? किसे चाहिए ऐसा एक्सटेंशन? मुझे चाहिए एक 'ब्रैंड न्यू सेल्फ़'–अपनी असली आइडेंटिटी, असली पहचान। और वह किसी पद और रूतबे की, किसी भी आसरे की मोहताज नहीं।

नीतीश आया था मेरी फेयरवेल पार्टी में शामिल होने। घर भी आया था उसके बाद। दिन भर मेरे साथ ही रहा।

"अनु कैसी है?"–मैंने पूछा। "वह भी आ जाती तुम्हारे साथ,...तो अच्छा रहता।"

"अच्छी है सर। मैंने तो कहा था उससे अपने साथ चलने को। पर वह नहीं आ पायी। बहुत भावुक है ना। रोने लगती वहीं।"

मुझे हँसी आ गयी। मैंने मन ही मन कहा–"भावुक अनु नहीं नीतीश, तू है। अनु इमोशनली तुझसे बहुत...बहुत ज़्यादा मैच्योर है।" मुझे हँसते देख वह भी हँसने लगा। अचानक बोला–"अनु ने मुझसे कहा है, मैं आपको अपने साथ ही लेकर आऊँ। कुछ दिन आप हमारे साथ ही रहें। आपका मन भी बहल जाएगा। आप यहाँ अभी बहुत अकेला महसूस करेंगे। इतने दिनों की डेली रूटीन एकबारगी भंग हो जाने से।"

मैं बुरी तरह चौंक गया। किसी तरह अपने को संयत रखते हुए कहा–"अनु खुद तुम्हारे साथ आ जाती तो अच्छा रहता। 'फेयरवैल' सचमुच 'फेयरवैल' जैसा लगता। मैं....अभी तो अपने

एक काम में उलझा हुआ हूँ। अभी तुरन्त तुम्हारे साथ मेरा निकल जाना सम्भव नहीं है। पर आऊँगा कभी न कभी, जरूर आऊँगा। तुम्हारी भाभी को भी साथ लेकर। अभी तो वह भी यहाँ नहीं है। बेटे के पास है।"

नीतीश एकदम भावुक हो आया।..."सर, मैं निराश होने के लिए नहीं आया। आपको मेरे साथ चलना ही होगा। नहीं तो...अनु बहुत दुखी हो जायेगी। कह रही थी मुझे ऐसी बिदाई में जाना अच्छा नहीं लगता। पर उसने तो लगातार एक ही रट लगा रक्खी थी—'सर को लेके आओ।' आप नहीं आयेंगे तो मैं कैसे उसे समझाऊँगा? क्या कहूँगा?"

मेरा सिर चकराने लगा। यह कह क्या रहा है? क्या सचमुच अनु ने ऐसा कहा होगा इससे? ...मुझे यकीन नहीं हुआ। पर...अनु ने नहीं भी कहा हो, तो यह तो कह रहा है। यह तो चाहता है ना! क्या मेरी बिदाई के कारण? ...मुझसे छुटकारा मिल गया, उस कारण? ...या कि, वास्तव में यह संधि-प्रस्ताव है इसकी तरफ़ से?

यकायक 'हितोपदेश' याद आ गया। 'मित्रलाभ' और 'सुहृद्-भेद' और फिर 'विग्रह'...और फिर 'संधि'!...मुझे फिर से हँसी आने लगी।...और रोना भी साथ-साथ।

नहीं! यह ठीक नहीं।...इस तरह अपना आपा खो देना। वह भी...अपने इस इकलौते शिष्य के सामने। अनु क्या सोचेगी! अनु क्या कहेगी जब यह जाकर उसे बतायेगा? ...कि सर कितने भावुक हो गये थे। कितने सेंटीमेंटल!

नहीं! अब यहाँ तक पहुँचकर पीछे लौटना सम्भव नहीं। वांछनीय भी नहीं। जी कड़ा करके मैंने कहा—"नीतीश! मैंने कहा ना, मैं जरूर आऊँगा और जितनी जल्दी हो सके, उतनी जल्दी आने की कोशिश करूँगा। अनु को मैं समझा दूँगा। तुम बेफ़िकर होकर जाओ। उसे कोई शिकायत नहीं होगी—न मुझसे, न तुमसे। आयी विल कन्विंस हर। यू नीड नॉट वरी। मेरी फिकर मत करो। मुझे तो

हमेशा अपने साथ अकेले ही रहना अच्छा लगता है। तुम तो जानते हो अच्छी तरह।"

नीतीश सिर झुकाये चुपचाप सुनता रहा। मैं उसे धन्यवाद देना चाहता था। जो बहुत ही मार्मिक भाषण उसने दिया था मेरी बिदाई पर, उसके लिए। सच-सच कहूँ तो,...जब वह बोल रहा था उस वक्त भी मुझे रोना आ रहा था...बड़ी मुश्किल से कंट्रोल कर पाया था अपने को। अब भी...अपनी आवाज़ मुझे भर्रायी हुई-सी लग रही थी। ऐसे कैसे चलेगा? मैं भीतर जाकर एक गिलास ठंडा पानी गटक आया। आँखों पर छींटें मारे। चाय का पानी चढ़ाने को हुआ इतने में नीतीश ही किचन में चला आया।

"मैं बनाता हूँ सर। आप बैठें।"

मैं चुपचाप बैठक में चला आया। मेरा सुनसान घर देखकर नीतीश को कैसा लग रहा होगा! कहीं इसीलिए तो मुझे अपने साथ ले जाने का विचार नहीं आया उसको? यानी, मैं अब इसके प्रेम और श्रद्धा का नहीं, करुणामात्र का पात्र बन गया हूँ।

पर...इसने क्या कुछ कम झेला होगा मुझसे? क्या हम दोनों ही एक-दूसरे की करुणा के पात्र ही नहीं हैं?

वह पूछना चाहता होगा बहुत कुछ। बहुत कुछ कहना भी। उसके चेहरे पर मुझे चित्रपट की तरह अनेकानेक परछाइयाँ उभरती-बिलातीं नज़र आ रही थीं। मैं भी कितना कुछ कहना चाहता था—पर समझ में नहीं आ रहा था क्या कहूँ? कैसे कहूँ? 'फेयरवैल' ने जैसे एकबारगी पोंछा लगा दिया था सब कुछ पर। "माई ओनली मैण्टर"—उसने कहा था—"माई बेस्ट फ्रेण्ड, फिलॉसफर ऐंड गाइड इन दिस लाइफ"।...

तो वही हो! मैं वही रहूँ। वही रहा आऊँ। इसके लिए भी, और अनु के लिए भी। नहीं! मैं अनु का 'गाइड' नहीं। अनु ही बनेगी मेरी गाइड अब। इस जीवन...नहीं, इस मृत्यु-लोक में। अब जाकर समझ में आया है, मृत्युलोक इस दुनिया को क्यों कहा गया।

किसने कराया मुझे यह ज्ञान–यदि अनु ने ही नहीं, तो?

दोनों तरफ़ की चुप्पी जब असह्य हो उठी तो मैं उठकर कमरे में टहलने लगा। कुछ तो बोलूँ। कुछ तो कहूँ।

"नीतीश, और सब ठीक तो है ना? तुम्हारा मन लग तो रहा है वहाँ? न लग रहा हो, कहीं और जाने का मन हो, तो बताना मुझे। रिटायर हो गया हूँ, इसका यह मतलब भी नहीं कि अब मेरे हाथ में कुछ नहीं।"–मैंने ज़बर्दस्ती ठहाका लगाया।

नीतीश ने चौंककर मुझे देखा। एक हल्की-सी मुस्कराहट इतनी देर बाद उसके उस बेहद सीरियस और ग़मगीन से चेहरे पर उभरी।

"नहीं सर, फिलहाल यहीं ठीक है। आप तो देहरादून में ही रहेंगे ना?"

"हाँ', फिलहाल तो वहीं रहूँगा। फिर ऋषिकेश चला जाऊँगा। और हाँ, देहरादून तो तुम्हारी पुरानी पसंदीदा जगह है। जब भी चाहो, हमारे पास आ सकते हो, रह सकते हो। अनु भी बहुत दिनों से मिली नहीं, मेरे परिवार से। अच्छा रहेगा। बल्कि तुम्हारे पास तो काफी छुट्टियाँ पड़ी होंगी। इससे अच्छा सदुपयोग और क्या हो सकता है उनका? दस-पन्द्रह दिन इकट्ठा लेके ही आना।"

"ठीक है सर"–नीतीश ने कहा। बड़ी राहत-सी हुई उसे अपने सहज रूप में आते देखकर।

"सर...अब आगे आपका क्या प्लैन है?"

"प्लैन-वैन कुछ नहीं नीतीश"–मैंने अपने स्वर को यथासम्भव संयत रखने की कोशिश करते हुए धीरे से कहा–"आज से मेरा एक नया जीवन शुरू हो गया है नीतीश, जिसमें 'प्लैन' की कोई गुंजाइश नहीं। अब मैं पुरानी लीक छोड़कर बिलकुल अनजानी राह पकड़ना चाहता हूँ। पर...इस बारे में तुमको क्या, किसी को भी कुछ नहीं बता सकता। हमारे देश में लोग पचास बरस पूरे करते ही गृहस्थाश्रम छोड़ वानप्रस्थ ले लेते थे–पूर्ण संन्यास की तैयारी में।

मैं भीतर से कन्विन्स हो गया हूँ कि सही ऐप्रोच वही थी और वही है। पर, इसका मतलब यह भी नहीं, कि मेरा अपने आज तक के किये-धरे से बिलकुल सम्बन्ध ही टूट जायगा। नहीं। मुझे तुम्हारी प्रोग्रेस में—हमने तुमने जिन कामों में इतनी जान झोंकी—उसमें बराबर दिलचस्पी रहेगी। मैं तुम्हारे उज्ज्वल भविष्य की कामना करता हूँ नीतीश, और भविष्यवाणी करता हूँ—तुम्हें हृदय से आशीर्वाद देता हूँ कि तुम भी इसी पद पर पहुँच के सेवानिवृत्त होगे और एक से एक गुल खिलाओगे। मुझे तुम्हारी योग्यता पर अपने से कहीं ज्यादा भरोसा रहा है नीतीश। इस बात को तुम अच्छी तरह जानते हो। हमारी निजी ज़िन्दगी में जो कुछ घटित हुआ इस बीच, उसे भूल जाना ही श्रेयस्कर होगा। सब कुछ हमारे हाथ में नहीं होता नीतीश। हालाँकि कुछ तो फिर भी हमारे हाथ में होता ही है और उसी पर टिककर अपनी स्वतंत्रता का क्षेत्रफल बढ़ाया जा सकता है। मैं अब अक्षरशः मुक्ति की उसी राह पर चलने की कोशिश कर रहा हूँ नीतीश। वही मेरा प्रायश्चित भी होगा। मेरे कारण तुम्हें जो भी कष्ट पहुँचा हो, उसके लिए, हो सके तो, मुझे क्षमा कर देना। अब मैं...”

“प्लीज़ सर।”...नीतीश ने मेरे दोनों हाथ कसके पकड़ लिये और रो पड़ा। “प्लीज़ डोंट से सो। आयम इक्वली...इन्फैक्ट आइ एम टोटली रैस्पोन्सिबल फॉर व्हटएवर हैपण्ड।...इनफैक्ट...” वह आगे कुछ बोल नहीं पाया। मैं चुपचाप उसकी पीठ पर, सिर पर, हाथ फेरता रहा।

“लैट बाइगौन्स बी बाइगौन्स...आयी प्रॉमिस अ होलली न्यू स्टार्ट”...रूँधे कण्ठ से वह इतना ही बोल पाया।

“छोड़ो नीतीश। भूल जाओ वह सब। तुम्हारे और अनु के सामने समूची ज़िन्दगी पड़ी है अभी। तुम्हें अभी बहुत-बहुत आगे जाना है नीतीश। मैं हमेशा तुम्हारे साथ हूँ और हमेशा तुम्हारे साथ रहूँगा। हमारा सम्पर्क बना रहेगा। तुम मेरे लिए भी शुभकामना

करो कि अपने चुने हुए नये रास्ते पर चल सकूँ। मुझे भी तुम्हारी शुभकामनाओं का बल चाहिए। मुझे पूरा-पूरा अहसास है नीतीश, कि कैसी-कैसी मनःस्थितियों से तुम्हें गुजरना पड़ा होगा इस बीच। तुम्हें उपदेश देने योग्य नहीं पाता खुद को। मगर एक ही बात जो जाने कब से मेरे मन में घुमड़ रही है उसका साझा तुमसे करना चाहता हूँ।"

"प्लीज़ सर...प्लीज़...बताइए ना वह बात मुझे"...मुझे यकायक चुप हो जाते देखकर नीतीश अधीर हो उठा।

मैं उससे क्या कहना चाहता था? अभी तक मैं याद नहीं कर पा रहा हूँ कि वह क्या था जो अचानक मेरे मन में घुमड़ा था और अचानक विलीन हो गया।..."नहीं! अभी नहीं!"—मैंने खुद को बोलते सुना। "पहले मैं खुद उसे जीना सीख लूँ—अपने बचे-खुचे जीवन में चरितार्थ करना उसे सचमुच। तभी तुमसे कुछ कह पाने का हक़ हासिल होगा मुझे।"

"प्लीज़ सर...आयी फील सो गिल्टी ऐंड सो अनहैप्पी अबाउट ऑल दैट।...यू हैव ऑलवेज बीन माइ गाइड, फिलास्फर ऐंड फ्रेंण्ड। आइ जस्ट कांट अफोर्ड टु लूज़ योर सपोर्ट"...

"कैसी बात करते हो नीतीश।" "मैंने कहा ना, मैं हमेशा तुम्हारे साथ रहूँगा। कुछ भी नहीं बिगड़ा नीतीश, कुछ भी नहीं हमारे बीच। तुम निश्चिंत रहो। हर आदमी की अपनी कमजोरियाँ होती हैं—उसकी अच्छाइयों की ही छाया की तरह। हमारे गुण और अवगुण हमारे भीतर साथ-साथ ही रहते हैं। मैं फलसफा नहीं छाँट रहा।...हम सब करुणा के पात्र हैं नीतीश, हम सब। अपने ऊपर भरोसा रक्खो...सब ठीक हो जायगा।"...

"सर...आप जो बात कहना चाहते थे, वह तो रह ही गयी। बताइए ना।"—नीतीश ने अब सीधे मेरी आँखों में झाँकते हुए कहा।

"नहीं, अभी नहीं नीतीश। अभी नहीं।"—मैंने कहा। "मैं नहीं चाहता मेरे शब्द मुझसे ज्यादा बुद्धिमान दीखें। फिलहाल,

मगर...वैसा ही लगता है। इस खायी को पाट सकूँ जो खुद मेरे और मेरे ही बीच खुदी हुई है, तभी जो कहना चाहता हूँ, वह अधिकारपूर्वक कहने की शक्ति बटोर पाऊँगा।"

मैं क्या कहना चाहता था? मैं क्या कहना चाहता हूँ? नीतीश तो नीतीश, अनु से भी कह पाऊँगा क्या?

नहीं। नहीं। नहीं। शब्द उसे कहने के लिए बने ही नहीं, तो कैसे कह सकता हूँ?

नीतीश पूरे दिन मेरे साथ रहा। लगा धुंध छँट गयी है और हम फिर से बहुत हल्के-फुल्के सहज हो पा रहे हैं। उसकी गाड़ी रात की थी। चलने लगा तो अचानक वह फिर से मेरे कन्धे पर सिर रखके रो पड़ा। बड़ी मुश्किल से सम्भाला उसने खुद को।

ज़ाहिर है, मैं उसके एक लम्बे कष्ट-भोग का निमित्त बना। पर उसे भी कम पछतावा नहीं। कितना अच्छा हुआ जो वह खुद आया और मुझसे मिलके गया। अब मैं अनु से भी बात कर सकूँगा।

दिन भर बातें ही तो करते रहे थे मैं और नीतीश। ऐसा लग रहा था जैसे पुराने दिन लौट आये हैं।

पर क्या सचमुच? क्या सचमुच ही मैं उबर सकता हूँ उस सबसे? कभी उबर पाऊँगा? ओ मेरे परवरदिगार! तू ही जानता होगा। या फिर...तू भी नहीं जानता?

परन्तु,...अगर तू भी नहीं जानता और मेरी कोई मदद भी नहीं कर सकता, तो सुन ले, मेरे ही जैसे एक आदमज़ात ने तुझे पुकारते हुए क्या कहा था तुझसे कभी...

O Thou, who Man of baser Earth didst make
Along with Eden, didst devise the snake;
For all the sins, wherewith the face of Man
Is blackened, Man's forgiveness give and take.*

* उमरखैयाम की रुबाई–फ़िट्ज़ेराल्ड के अनुवाद में

तू भी कुछ तो कसूरवार है ही परवरदिगार! मैं तुझसे माफी माँग रहा हूँ, तो तू भी तो मुझसे माफी माँग। क्यों दी मुझे ऐसी ज़िन्दग़ी तूने? क्यों जगायी मुझमें तूने प्यार पाने और देने की ऐसी अतलान्त भूख-प्यास? क्यों?

जब कि, तेरे पास मुझे देने के लिए एक अफाट मरूस्थल, और अन्तहीन मरीचिका के सिवा कुछ नहीं था।

क्यों ? क्यों ? क्यों?

अध्याय उन्नीस

हलो अनु! सचमुच क्या यह अनु की ही आवाज़ है? बस...पल भर के लिए अनु...मुझे उसी तरह अपने पास, एकदम पास खींच लो जैसे 'अचानकमार' के उस अभ्यारण्य में खींच लिया था...और जी भर बहकने दो। फिर मैं कभी नहीं बहकूँगा अनु, कभी नहीं। जैसे इतने दिनों-महीनों-युगों से नहीं बहका ना, वैसे ही...आज के बाद फिर कभी नहीं बहकूँगा। मानती हो कि नहीं, कि बच्चा सचमुच सयाना हो चुका है?

अरे...यह क्या अनु? ...मैं तुम्हें हँसाने आया हूँ कि रूलाने? ...सुनो अनु, अभी तक तुमने 'गले लग जाऊँ?' भी नहीं कहा। अब कहो ना।..."सब्र का फल मीठा होता है"—मेरी मा कहती थी जो खुद अपने सब्र का फल देखने तक नहीं रुक पायी,...कितनी अजीब बात है अनु, कि यह बात जो मुझे इतने बरसों में कभी याद नहीं आयी...आज अभी इसी क्षण तुम्हारी ही आवाज़ सुनके क्यों याद आयी होगी!...है ना यह भी एक चमत्कार? ...बोलो ना अनु, कहो ना, जैसे तुम कहा करती थीं—"सच्ची में?"...पता है अनु, मैं जैसे एक चलता-फिरता टेपरिकार्डर...नहीं वीडियो कैमरा बन गया हूँ आजकल।...अपनी अनु के मुँह से निकला एक-एक शब्द...उसकी सैकड़ों-हजारों भंगिमाएँ,...मुद्राएँ...किलकारियाँ...खिलखिलाहटें... फुसफुसाहटें...सबकी सब दर्ज हैं इसमें...और उठते-बैठते, सोते-जागते, कहीं भी, कभी भी दिखायी-सुनायी देने लगती हैं।...अनु! क्या मैं भी तुम्हें इसी तरह दिखायी-सुनायी देने लगता हूँ...कभी भी और कहीं भी? ...

नीतीश को मैंने वचन दिया था कि तुम्हें फोन करूँगा। मुझे लिवाने आया था वह। कहता था तुम्हीं ने भेजा है कि "जाओ और सर को लिवा लाओ।" इतना ही नहीं, "कुछ दिन हमारे ही साथ बिताइए"...भी कह रहा था। पहले तो मुझे अपने कानों पर विश्वास ही नहीं हुआ कि यह मैं सुन क्या रहा हूँ? पर...वह तो बेहद सीरियस और सिन्सियर लग रहा था। क्या? ...ओह अनु! मैं जानता था, मेरा दिल कह रहा था तुम अपने मुँह से नीतीश से ऐसा कभी नहीं कह सकतीं। तो...मेरा सोचना सही था? ...पर सोचो अनु, अगर मैं उसकी बात पर भरोसा कर लेता...अगर पिघल ही जाता उसके पुरजोर आग्रह से,...सचमुच ही उसके साथ निकल पड़ता तो? ...तो, अभी रास्ते में होता—तुम्हारे घर के रास्ते में...और कैसी धुकधुकी मची होती...यहाँ!...देखो, महज़ ऐसी कल्पना मात्र से मेरे दिल की धड़कन कितनी बढ़ गयी है। तुम्हें सुनायी दे रही है कि नहीं? क्यों नहीं सुनायी दे रही है—अनु! इतने पास होते हुए भी? ...

...चुप क्यों हो अनु? बस थोड़े से गिने-चुने लम्हों की ही तो मोहलत मिली है हमें!...इसे भी क्या तुम इसी तरह चुप रहके बिखरा दोगी? कुछ तो बोलो अनु!...नहीं! मैं नीतीश की इस उदारता को अब बिलकुल नहीं झेल सकता। मैंने ठीक ही किया ना अनु? ...बोलो ना, मैंने ठीक तो किया ना? ...हाँ,...यह हुई कुछ बात।

मगर...अनु! समझ में नहीं आता—उसने क्यों किया होगा ऐसा? क्यों किया होगा ऐसा प्रस्ताव? ...और वैसा झूठ बोलने की उसे जरूरत ही क्या थी...कि यह तुम्हारी इच्छा है। कि, तुम्हीं ने उससे ऐसा निहोरा किया है।...उफ़ अनु! अब तुम्हें दिल्लगी सूझ रही है और यहाँ जान के लाले पड़े हुए हैं। "झूठ नहीं था" से तुम्हारा क्या मतलब है? "मन से बुलाया था, मुँह से नहीं"—यही न कहना चाहती हो? ...अरे-अरे! तब तो अनु, मुझे मान ही लेनी

चाहिए थी ना उसकी बात। नहीं?

चलो थोड़ी देर के लिए कल्पना करो—मैं रास्ते में हूँ...मैं पहुँच रहा हूँ...मैं आ गया हूँ...दरवाज़ा तुम्हीं ने खोला है। पहले नीतीश दाखिल हुआ है कमरे में। और फिर मैं।...तुम क्या सदा की तरह, पहले की तरह,...बगैर एक पल भी झिझके या ठिठके सीधे दौड़कर लिपट जातीं मुझसे? ...उफ़ अनु! तुमने आज मौन व्रत ले रक्खा है क्या? यह बीच-बीच में तुम्हारी जुबान पर ताला क्यों ठुँक जाता है? ...उसने तुमसे नहीं कहा चलने को? चलो, नहीं कहा। पर इतना तो बताया ही होगा ना, कि मेरी 'बिदाई' की पार्टी में जा रहा है? यह सुनके भी तुमने कुछ नहीं कहा उससे? वह तो हर जगह तुम्हें अपने साथ ले जाता रहा है। तुम्हीं ने क्यों उससे साथ ले जाने को नहीं कहा? ...उसने आखिर तुमसे कुछ तो कहा ही होगा। इतना भाव-विह्वल भाषण दिया था उसने मेरी विदाई पर! लिखके लाया था। आखिर...कुछ तो शेयर किया होगा उसने तुमसे भी।...क्या कह रही हो? ...तो तुमने मान क्यों नहीं लिया उसका आग्रह? ऐसे मौकों पर कोई करता है ऐसा? अनु!...मैं समझ रहा हूँ तुम्हारा अनकहा सब कुछ। मगर जब वह इतना आग्रह कर रहा था तुमसे साथ चलने का, तो इसमें हर्ज क्या था? "पब्लिक फंक्शन"? ठीक है,...मगर अनु, सहज होने के लिए भी, सार्वजनिकता से ज्यादा सुलभ और कारगर आड़ और कोई नहीं होती। मैं अपने अनुभव से कह रहा हूँ यह बात। यों ही नहीं। वैसे भी, ज़रा तुम सोचो तो सही, कितना अच्छा लगता मुझे तुम दोनों को वहाँ एक साथ अपने सामने बैठे देखकर! कितनी राहत मिलती मुझे। जानता हूँ तुम्हारे लिए आसान नहीं था वह। मगर ज़रा मेरी ओर से भी तो सोचतीं। ओह अनु! यहीं तो तुमने भूल की। क्या पता, तुम साथ होतीं तो मैं चला ही चलता तुम लोगों के साथ। मुझे क्या दिक्क़त थी? ...मेरा परिवार भी तो नहीं है यहाँ आजकल। कितना सुनसान लग रहा है! थोड़ा चेंज ही हो जाता।

अच्छा तो,...अब आपको हँसी आ रही है मेरी दुर्दशा पर। हँसो, खूब हँसो—मुझे बहुत अच्छा लग रहा है। अब जाके तुम्हारी आवाज़ पहचानी-सी लग रही है। अभी तक नहीं लग रही थी।

....

मगर,...यह तो बताओ—उसने क्यों किया ऐसा? ...तुम्हें 'सर्प्राइज़ गिफ्ट' देना चाहता था? वह तो दे चुका कभी का। अब कैसा सर्प्राइज़? सर्प्राइज़ तो उसने मुझे दिया दरअसल। ऐसा सर्प्राइज़, जिसके लिए मैं कहीं से भी प्रस्तुत नहीं था। मैं तो हैरान-अवाक् रह गया अनु, जब उसने वह प्रस्ताव किया। लड़खड़ा गया मैं सचमुच। वह तो मैं उस वक़्त बैठा हुआ था कुर्सी पर, नहीं तो, क्या पता, लड़खड़ाकर गिर ही पड़ता। क्या उसने नहीं देखी होगी मेरी लड़खड़ाहट? ज़रूर ही देखी होगी। पर,...बस दूसरे ही पल मैं सँभल गया। सँभलना ही था अनु।...तुम्हें याद है वह गाना?—अपनी आखिरी भेंट के दौरान—जब तुमने पहली और आखिरी बार मुझे डाँटा था। कहा था—"ऐसा घटिया फिल्मी गाना कोट करते शर्म नहीं आती?" क्या था वह, याद है? ...'चलो एक बार फिर से अजनबी बन जायें हम दोनों'...तुम फिर गुस्सा हो गयीं? चलो अब से कभी नहीं। क्या हुआ? फिर ताला!

अनु! अनु! अनु! सुनो, ऐसा मत करो...मैं तुमसे माफी चाहता हूँ...क्या मैं तुम्हें हँसाना भी भूल गया हूँ इस बीच?—कितना हँसाता था तुम्हें? याद नहीं? ...सुनो, ऐसे तो तुम मुझे भी रूला दोगी और फिर कहोगी...रोना पुरुषों को शोभा नहीं देता...। सुनो अनु! मैंने कितनी मुश्किल से अपने को सम्हाला है। मैं ही जानता हूँ। या फिर...मेरा अन्तर्यामी ही जानता है। उफ़! तुम्हें क्या हो गया है अनु! मैंने कब कहा ऐसा? ...मैं तुम्हारे कष्ट को कम करके आँकूँगा? ...तुम जानती हो, यह सच नहीं है। अनु, मैं तो समझ रहा था तुम इतने दिनों बाद मेरी आवाज़ सुनते ही सबसे पहले मेरी पीठ ठोंकोगी। कितनी कठिन परीक्षा की घड़ी थी यह हमारे लिए!...

अभी भी है। मैं दावा नहीं करता कि मैं उत्तीर्ण हो गया। पर कम से कम फेल तो नहीं हुआ बुरी तरह! यही क्या कम है। जिसने स्वर्ग देखा है, उसी को तो नरक भोगने का भी सामर्थ्य जुटाना चाहिए ना! नहीं तो कितना बड़ा अन्याय होगा विधाता का उन लाखों-करोड़ों मनुष्यों के प्रति, जो स्वर्ग और नर्क कुछ भी कभी भी अपने पूरे जीवन में नहीं जान पाते—दोनों से बहुत-बहुत नीचे के धरातलों पर ही जीते चले जाते हैं एक मशीनी रूटीन में। अनु, जिसको कुछ दिया जाता है, उसी से तो कुछ वसूल भी किया जा सकता है। नहीं?

अनु! इस तरह कमज़ोर मत बनो। तुम्हीं तो मेरी शक्ति हो अनु। तुम्हीं कमजोर पड़ जाओगी तो मैं कैसे क्या करूँगा? सुनो, अब तुम मुझे चिट्ठी लिखा करो। मैं भी लिखूँगा। वह फोन से लाख दर्जा बेहतर होगा। अब तो नीतीश को भी इस पर कभी कोई ऐतराज नहीं होगा। पता है मैं क्या करने में लगा हुआ हूँ इन दिनों। मै भगवान् को एक बहुत लम्बी चिट्ठी लिख रहा हूँ। जाने कब से। जैसे तुम्हें लिखा करता था ना, वैसे ही...। उसी पागलपन के साथ। और भला उपाय ही क्या है अनु, इस ऊलजलूल दुनिया को और इस ज़िन्दग़ी को सहने का? और सहने का ही नहीं, इससे उबरने का भी? ...यह जो प्यार नाम की विभूति है अनु...इसके साथ भी जो मानवीय दुर्बलताएँ आ जुड़ी हैं, उनसे भी लड़ने का? उस दुर्बलता को भी शक्ति, सचमुच की शक्ति में बदल देने का?

तुम समझ रही हो ना मेरी बात? तुम नहीं समझोगी तो और कौन समझेगा? तुम मेरे लिए क्या किसी परवरदिगार से कम हो? ...तुम्हें बनना ही होगा मेरी शक्ति। वरना, तुम्हारे मेरे जीवन में... या कह लो...मेरे तुम्हारे जीवन में आने का और भला क्या अर्थ हो सकता है? ...सिवा इसके।

...हाँ अनु, यही समझ लो। तुम बिलकुल सही समझीं। मैं तुम्हीं को चिट्ठी लिख रहा हूँ—भगवान के बहाने। हमारी बोली—हमारी

बोली में क्या, दुनिया की हर बोली में—यही सच होना चाहिए कि आदमी की सहनशक्ति की जब पराकाष्ठा हो जाती है तो एक ही नाम, एक ही लफ़्ज़ उसकी जुबान पर आता है—"मा! मा! मा!"...याद है, जब हमें मिले बहुत दिन हो जाते थे—फोन भी नहीं हो पाता था तो तुम,...जब भी बात होती थी, पहला ही सवाल क्या पूछती थीं—याद है? तुम पूछती थीं—"बच्चा कैसा है?"

और फिर उसी साँस में यह भी,...कि, "बच्चा कैसा है, यह तो सबसे पहले मा को ही पता चलता है न! तो फिर मैं क्यों पूछ रही हूँ, किससे पूछ रही हूँ कि बच्चा कैसा है?"

....

हाँ मा! हाँ। सौ बार, हजार बार, लाख बार हाँ। बहुत देर हो गयी मा! सोओगी नहीं? ...अच्छा...तो मुझे सुलाके ही सोओगी? ...तो लो...मैं सो भी गया...तुम्हारी गोद में।...अब मैं चुप हूँ मा!... आँखें मुँदी जा रही हैं मेरी।...तुम्हीं बोलोगी...मैं नहीं।...और जो भी बोलोगी—वह सब मुझे लोरी-सा ही सुनायी देगा। ठीक है मा? ...मैं सुन रहा हूँ...

अध्याय बीस

मुझे मालूम है, जरा सा ढील दी नहीं कि फिर वही दुश्चक्र। जिसे तोड़ चुकने का मिथ्या अभिमान मेरा एक झोंके में ही ढह जाना था।

मैं क्या करूँ कि यह हृदय-दौर्बल्य फिर से मुझ पर हावी न हो?

कौन कह रहा है यह? मेरे भीतर के भी भीतर बैठा...मेरी हर हरकत, हर संकल्प-विकल्प को आर-पार देखता यह साक्षी अन्तरात्मा ही न?

तो...क्यों न उसी की शरण गहूँ? कसके थामे रहूँ उसी को! अपने भोक्तापन में ही ग़र्क न हो रहूँ बार-बार।

हाँ, मैं भोक्ता भी हूँ–वही तो अक्सर होता हूँ। यह सच है। पर क्या यह उससे भी कहीं बड़ा, उससे भी कहीं ऊपर–यह सदा जाग्रत साक्षी 'मैं', जो इस भोक्ता 'मैं' के बावजूद उससे अलग एक किनारे खड़ा देखता रहता है–उस सारे गँदले प्रवाह को–यह क्या उससे भी बड़ी बहुत...बहुत बड़ी सच्चाई नहीं?

कौन है यह साक्षी–यदि मैं खुद ही नहीं तो? क्या यह साक्षी हमारी चेतना पर पड़नेवाली उस परम और नित्य सत्ता की ही परछाई नहीं है? जिसे आत्मा, परमात्मा, खुदा, परवरदिगार...सच्चिदानंद... वगैरह...जाने कितने नामों से पुकारा जाता है? तब फिर इसका अर्थ यही न हुआ कि...मेरा भोक्ता बनकर क्षण-प्रतिक्षण बदलते जाना नहीं, बल्कि उस भोक्तापन का यह लगातार, नित्य साक्षी होना ही मेरा असली यथार्थ है। मेरा असली 'मैं'। जो एकमात्र

'नित्य' वस्तु है; इस अनित्य और पल-पल बदलते, नष्ट होते संसार में।

तो, क्यों न इसी में लंगर डालूँ? ...इसी साक्षी के साथ एकजान होकर अपने इस रोज़मर्रा के भोगी-रोगी भोक्तापन को निर्लिप्त उदासीन भाव से साक्षी बनकर ही देखता रहूँ?

'मैं' का मतलब यही साक्षी, यही 'मैं' होना चाहिए। बाकी सब मिथ्या फँसावट है, जो निगल जाती है, निगलती रहती है निरन्तर इस असली 'मैं', यानी 'मैं हूँ' की लगातार एक-सी बनी रहने वाली अनुभूति को!

'साक्षी मैं'। अर्थात् परम आत्मा, परवरदिगार की जीती-जागती परछाईं। जो परछाईं होते हुए भी नित्य, अपरिवर्तनशील, और निरन्तर बनी रहती है।

अनु! यह मैं दुनिया से नहीं, अपने आप से झगड़ रहा हूँ। तुम इसमें पार्श्व संगीत की तरह निरन्तर बजती रहती हो। तुम, जो मेरी जीवन-संध्या की अनमोल उपलब्धि हो। 'उपलब्धि'! क्या यह सही और पर्याप्त शब्द है–जो मुझे तुमसे मिला–जो तुम मेरे लिए साबित हुई–उसे बखानने के लिए? ...मैं नहीं जानता अनु। तुम्हीं ने इच्छा प्रकट की थी ना एक बार–मेरा आत्मालाप सुनने की? नहीं जानता–इस डायरी को चिट्ठी की तरह पठाकर मैं सही कर रहा हूँ कि ग़लत?

ग़लत भी कर रहा होऊँ तो कोई हर्ज नहीं। मेरी हर भूल-ग़लती तुम्हें भेंट चढ़कर सही हो जाएगी अनु! इसी कामना और विश्वास के साथ...तुम्हारा...

किन्तु अनु, कभी-कभी कितनी ठस्स और बेजान-सी लगने लगती है यह भाषा?–उस भाषा की तुलना में–जिसमें तुम्हारा मेरा संवाद होता था!...जो पार्श्व-संगीत है मेरे सारे जीवन-भोग का–मेरे

सारे रूदन और हास्य का...!

फिर भी...फिर भी...इसको छोड़ भी तो नहीं सकते—इस तिनके जैसे सहारे को। आखिर...तुम्हें भी तो डायरी लिखने की जरूरत पड़ती है कि नहीं? क्यों पड़ती है? निरर्थक तो नहीं है न वह। और...फिर इसमें किसी प्रकार की प्रत्याशा...या कि प्रत्युत्तर की चाह भी तो नहीं।

और...फिर...यह कोई चिट्ठी-पत्री जैसा सिलसिला भी तो नहीं। मैं तुम्हें साक्षी—अपने साक्षी का भी साक्षी बनाकर ही तो तुम्हारे सामीप्य को महसूस करना चाहता हूँ। तो इसमें ऐसा ग़लत भी क्या है? जो कुछ मुझे होता है, मैं उसे बस तुम्हें अर्पित करते चलना चाहता हूँ। मेरे लिए तो अब, बस इतना ही महसूस करते रहना काफी है, कि अनु मुझे देख रही है—वह साक्षी है मेरे अन्तर्घट में होने वाली सारी हलचलों की। इतना ही, अनु...बस इतना ही। नीतीश को इस पर कोई आपत्ति नहीं होगी—हो ही नहीं सकती—मुझे पक्का भरोसा है। क्योंकि मैं तुम्हारी ओर से कोई उत्तर-प्रत्युत्तर भी तो नहीं चाहता। मैं तो बस तुम्हें अपनी उपस्थिति भर जताना चाहता हूँ कि मैं हूँ और पूरी तरह स्वस्थ हूँ,—बिना किसी आत्मदया या अपराध भावना के।...हर तरह के आत्मावसाद से परे...नितान्त उस अपने होने के सातत्य का ग़वाह भर। और तुम भी इस मेरे 'होने' की साक्षी हो। नीतीश भी, अगर चाहे, तो मेरे इस लिखने को प्रेम से पढ़ ले सकता है—इसमें उसको कोई कष्ट भी नहीं पहुँचेगा। उल्टे, अच्छा ही लगेगा उसे। तुम्हारे प्रति मेरी भावना की यह अभिव्यक्ति उसके लिए कदाचित् एक नयी अनुभूति होगी। एक सर्वथा नयी अनुभूति। नीतीश, तुम सुन रहे हो मेरे हृदय की बात? जो किसी प्रेतलोक की नहीं, इसी, इसी जीवनलोक की ही बात है। पर ऐसी बात, जो मुक्ति की सगी है। ऐसी जीवनमुक्ति की, जो देर-सबेर किसी दिन हर किसी की माँग बननी ही है। जो हर किसी

की पहली और आखिरी ज़रूरत है : उसकी भी, जिसके लिए अभी फिलहाल ऐसी बातों का—मुक्ति वग़ैरह का—कोई अर्थ नहीं हो सकता। पर...क्यों नहीं हो सकता? हो सकता है; और है ही। बस तो...थोड़ा लिखा, बहुत समझना...

अध्याय इक्कीस

अनु! यह डायरी-कम-चिट्ठी है। इसी के साथ मैं तुम्हें एक किताब भिजवा रहा हूँ, जिसे पढ़के तुम्हें और नीतीश को—दोनों को बहुत मज़ा आयेगा। यह उपन्यास नहीं, कविता नहीं, जीवन-दर्शन है। गीता तो पढ़ी होगी तुमने। उसी की एक टीका। पर,...सच्ची में उपन्यास जैसी दिलचस्प। कविता इसमें ज़रूर कम है। बल्कि, शायद बिलकुल भी नहीं है। पर तुम इससे बिदकना मत। प्रेम से पढ़ जाना इसे, एक और उपन्यास समझ के ही सही। ठीक है?

जिन महोदय ने मुझे यह किताब भेंट की, उन्हीं ने इसका उर्दू तर्जुमा भी किया है—'हक़ीकी गीता' नाम से। बहुत मज़ा आ रहा है इसे पढ़ने में, हालाँकि कई अड़ियल सवाल भी मन में उठते रहते हैं। खास बात यह, कि इसमें भाष्यकार स्वामी जी यत्र-तत्र अपने गुरु के संस्मरण भी गूँथ देते हैं जो इस टीका को 'रियल लाइफ़ गौसिप' सरीखी अर्जेन्सी और चमक प्रदान कर देते हैं। एक जगह तो ऐसी बात आती है जिसे पढ़के मैं एकदम ही चकरा गया हूँ : गुरुजी अपने शिष्यों से बात करते हुए फरमाते हैं—"अरे भैया, मैं तो तीन जन्मों से साधु हूँ। पिछले जन्म में ही पार लग चला था, निवृत्ति हो चली थी; किन्तु दो इच्छाएँ रह गयी थीं : गाँजा और स्त्री। किन्तु बाहर से हमने शरीर को दृढ़ रक्खा। मन में वासना लगी थी, इसलिए जन्म लेना पड़ा। जन्म लेते ही भगवान् ने थोड़े ही समय में सब दिखा-सुनाकर निवृत्ति दिला दी, दो-तीन चटकना दिया और साधु बना दिया।"

परसों से मैं उसी जगह अटका हुआ हूँ। वैज्ञानिक हूँ व्यवसाय से, क्या महज़ इसीलिए मुझे ऐसी बातों का मखौल उड़ाने का हक़ मिल जाता है? नहीं—मेरा मन कहता है—किसी भी वैज्ञानिक तथ्य से कम प्रामाणिक तथ्य नहीं हो सकता यह।

गाँजा और स्त्री! मैंने गाँजा तो नहीं पिया कभी, मगर सिग्रेट तो पीता ही था न!—'चेन स्मोकर' था। किसने छुड़ाई वह लत? एक स्त्री ने ही न? ...कितनी लम्बी और गहरी गुलामी थी वह! 'गुलाम आदमी साक्षी-द्रष्टा कैसे बनेगा?' भले ठीक इन्हीं शब्दों में न भी कहा हो तुमने मुझसे,—पर कुछ तो कहा ही था—इसी से मेल खाता—जिसने वह चमत्कार सम्भव कर दिया। कैसे? कहने वाली के प्यार का चमत्कार ही न था वह! मैं साधु-वाधु कुछ न सही, जोगी-बैरागी भी न सही, परन्तु यह जो तड़फड़ाहट है—राग-विराग का द्वन्द्व कह लो, या राग का ही तप कह लो—यह भी तो एक तथ्य ही है ना?

ज्ञानमार्गी तो एक तरह का मैं भी रहा हूँ—भले, गीता जिसे 'ज्ञान' बताती है, 'ज्ञानी' बताती है, उतनी ऊँचाई से देखने पर, यह मेरा 'ज्ञान' भी नितान्त अज्ञान ही साबित हो! पर, जो भी हो, अच्छी-खासी बुद्धि तो इसमें भी लगती ही है। बिना इस मार्ग पर बहुत दूर तक चले इसकी सीमाओं का पता भी कैसे चलता मुझे,—बहुतों को—अच्छे-खासे वैज्ञानिकों तक को भी—अन्त तक पता नहीं लगता। फिर भी, उनमें से कुछ को तो पता लग ही जाता है ना? जगदीशचंद्र बोस को लगा था कि नहीं? ज़रा याद करो—तुम्हीं ने तो ज़िकर छेड़ा था—वहाँ अमरकंटक में। याद है?

'गाँजा और स्त्री'! यह कोई तथाकथित 'कन्फ़ेशन' जैसी सनसनीखेज़ और सत्यनिष्ठ बनने के अहंकार की ही जड़ों को सींचने वाली बात तो है नहीं। किस क़दर बचकानी लगती रही है मुझे यह यूरोप और अमेरिका की सारी 'कन्फ़ेशन-इण्डस्ट्री'! इस निहायत ही सादे-पारदर्शी तथ्य-कथन के सामने? ...'चटकना दिया'...यह भी

तो वैसा ही तथ्य है जैसा 'गाँजा और स्त्री'। कन्फ़ेशन वाले, या आत्म-पीड़न वाले या उग्र तपस्या वाले अहंकार के लिए भला कहाँ कोई गुंजाइश है, सत्य की ऐसी बालकोचित सरल और लीलामयी अभिव्यक्ति में?

पर...पता नहीं क्यों, मेरा मन नहीं मानता। स्त्री को—यानी स्त्री-पुरुष के बीच के आकर्षण को महज़ भ्रान्ति मान लेने को मन तैयार नहीं होता। तंत्र-साधना भी तो अपने ढंग की मुक्ति-साधना ही न थी?—चाहे जितनी रपटन भरी, ख़तरनाक और बदनाम—परन्तु हमारे यहाँ के इतिहास का एक लम्बा दौर वह भी तो था, जब चतुर्दिक् उसी का बोलबाला रहा। क्यों रहा—यदि उसमें, बावजूद सारी अधोगति के—कुछ तत्त्व की बात भी नहीं थी तो? यों मुझे उसमें रत्ती भर भी रुचि नहीं, मगर तथ्य तो हुआ ही न वह भी? मुक्तिकामी मनुष्य ने ही न खोजा वह मार्ग भी? क्या कहता है तंत्र? यही ना, कि 'जो भी चीज़ें इस मानवजीव के लिए बन्धनकारी हैं, वही उसकी मुक्ति का साधन भी बन सकती हैं'...'येनैव वध्यते जीवः तेनैव विमुच्यते'। क्या मतलब हुआ इसका?

अनु! क्या तुम सचमुच मेरी मुक्ति का माध्यम बन सकती हो? ...

कैसे और क्यों आयीं आखिर तुम—मेरे इस मरूस्थली जीवन में? जहाँ वृष्टि की कोई सम्भावना ही न हो, वहाँ एकदम निरभ्र आकाश से धारासार वृष्टि होने लगे—इसे क्या कहा जाये? तुम मेरे लिए क्या इसी तरह, और इसीलिए नहीं प्रगट हुईं?—मेरी जड़ों को सींचने—मुझे...मेरे जीवन की इस अन्तिम बेला में युवावस्था की ऊर्जा-स्फूर्ति, किशोरावस्था का औत्सुक्य और बचपन का अबोध विस्मय...सबका इकट्ठा विस्फोट मेरे भीतर कर डालने?

काश, कि रवीन्द्रनाथ के उस उपन्यास-'शशांक' के हीरो की तरह, मेरे जीवन में कभी भी ये 'प्रेयसी-टाइप' और 'मा-टाइप' स्त्रियाँ न आयी होतीं! तब मैं भी कह सकता अपने उस प्रिय

लेखक के सुर में सुर मिलाकर...कि,...'मैन मस्ट सीक लव ओन्ली इन मैरिज, बिकॉज़ दैट इज दि ओन्ली लव विदाउट इल्यूज़न्स...'। तुम्हें याद है कैसा पलटवार किया था तुमने मुझ पर, यह सुनकर? मुझे निरुत्तर, हतप्रभ कर दिया था तुमने।...याद आया? पहली-पहली मुलाक़ात में ही।

...मगर, अनु, सारी बातों के बावजूद...मैं कैसे विश्वास करूँ कि मेरा वह प्रथम प्रेम भी 'इल्यूज़न' ही था और यह प्रौढ़ावस्था में मिला वरदान भी इल्यूज़न ही था?

इतना अवश्य मान ले सकता हूँ कि ऐसा प्रेम किसी अपनी मनचाही परिणति तक पहुँचने के लिए नहीं होता। वियोग उसकी जन्मसिद्ध अनिवार्यता है।

तब फिर...दाम्पत्य में ही प्रेम की अर्थात्—भ्रान्ति-मुक्त प्रेम की—खोज करने का अर्थ क्या हुआ? क्या है इस जीवन में, जो सर्वथा भ्रान्ति-मुक्त हो? भ्रान्ति-मुक्त सत्य अवश्य है, और उसका इसी देह से साक्षात्कार सम्भव है, इससे मुझे इनकार नहीं। ये रामकृष्ण परमहंस....रमण महर्षि...या अभी हाल-हाल तक हमारे बीच अपनी जीवन-लीला रचे हुए...उस अद्वैत सत्य के प्रत्यक्ष वस्तु-पाठ सरीखे अनेकानेक महापुरुषों का हमारे बीचोबीच प्रगट होना और होते रहना क्या जताता है?

परन्तु ऐसी विभूतियाँ तो लाखों-करोड़ों में एक-दो ही होती हैं न? बाक़ी—और उन बाक़ियों में...श्रेष्ठतम कलाकार-सर्जक, वैज्ञानिक और उच्चतम कोटि के मनीषी-विद्वान् भी तो शामिल हैं। तो फिर उनका जीवन और कृतित्व भी भ्रान्ति और सत्य के विविध अनुपातों वाले मिश्रणों से ही नहीं बना होगा? वह निरर्थक है, तत्त्वरहित है—ऐसा कैसे कहा जाये? ऐसा तो वे महापुरुष भी नहीं कहते। कितना प्यार लुटाया है, उन परमहंसों ने हम सरीखे दुर्बल प्राणियों पर!

तो...फिर, प्रेम अगर भ्रान्ति भी है, तो उस ऊँचाई से देखने पर ही भ्रान्ति है, जिस ऊँचाई पर कोई परमहंस ही पहुँचता और टिका रहता है। नहीं तो, सामान्यजनों के धरातल से देखने पर तो वह 'प्रेम' भी किसी 'ऐवरेस्ट' से कम ऊँचा नहीं लगेगा। अलावे इसके, क्या लोक-गाथाओं में, क्या उच्चतम कोटि के साहित्य में भी ऐसे 'प्रेम' की महिमा क्या सर्वव्यापी और सर्वसम्मत ही नहीं चली आयी है?

अनु, रवीन्द्रनाथ का वह छोटा-सा उपन्यास मैंने तुमको भी तो पढ़कर सुनाया था। कितना मज़ा आया था तुम्हें—याद है? उस पर लम्बी बातचीत भी तो हुई थी हमारी। तुमने क्या कहा था, मुझे याद नहीं—पर मेरा यही कहना था कि स्त्री-मुक्ति या स्त्री-जागरण के इस दौर में अब एक तीसरी कोटि भी स्त्री की प्रगट हो रही है जो न प्रेयसी छाप है, न मा छाप। और, वही शायद आज की या कि आगामी कल की स्त्री होगी। अगर किसी अभागे की नहीं निभती उसके साथ, तो इसका अर्थ निश्चय ही यह नहीं है कि औरों की भी नहीं निभेगी। निभनी ही पड़ेगी, यदि मानव-जाति को इस धराधाम पर अपनी जीवन-लीला आगे भी रचे रहना है, तो।

X X X

(ठीक इसी बिन्दु पर इस कहानी का अन्त हो जाना चाहिए। पर...फिर भी दो अध्याय अभी और आने को हैं। ज़रूरी नहीं है कि पाठक उन्हें भी पढ़ें ही। पर मनाही भी नहीं है। गुज़ारिश यही है कि पढ़ना ही हो, तो इन्हें उसी तरह पढ़ें जिस तरह एक लम्बी-चौड़ी चिट्ठी पढ़ चुकने के बाद कहीं हाशिये पर 'पुनश्च' के नाम से घसीटी इबारत भी पढ़ ली जाती है। इत्यलम्)

अध्याय बाईस

लीजिए परवरदिगार! मैं फिर आ गया आपको अपने सन्देह का लाभ पहुँचाने। इतनी आसानी से आपका पिण्ड नहीं छूटने वाला, जब तक आप मेरा ही पिण्ड मुझी से नहीं छुड़ा देते। उतना भर आपके हाथ में है। किन्तु मेरा संकल्प—यानी 'फ्री-विल' तो आपने शुरू दिन से ही छुट्टा चरने को छोड़ रक्खा है। आपको इसके लिए पछताने की भी मोहलत नहीं।

क्यों कहा आपने, कि "मेरा ही अंश, जीव बनकर इस धरा-धाम में उतरता है?" यानी कि, आप खुद मेरे भेष में, मेरा चोला धारण किये हुए यहाँ कभी से विराजमान हैं।

'ममैवांशो जीवलोके जीवभूतः सनातनः'

तो फिर...अगर ऐसा ही है, तो हमारी सद्गति या दुर्गति का कुछ तो ज़िम्मा आप भी लेंगे कि नहीं? कि सारी ओल-टोल बेचारी 'प्रकृति' के मत्थे मढ़के खुद हाथ झाड़ के अलग हो जाएँगे? आप खुद फरमा रहे हैं कि असली 'स्वरूप', जो आपका है, उसमें आँख-कान वग़ैरह कुछ नहीं होते—यहाँ तक कि, मन तक नहीं होता। क्योंकि ये सब आपके 'स्वरूप' का नहीं, प्रकृति का ही हिस्सा हैं : प्रकृति के गोदाम से ही वह आपका अंश इन्हें खींचता है, तब जीव बनता है। यानी कि, नीचे उतरने के चक्कर में उसे अपना वह पहले वाला मूल स्वरूप तो भूल ही जाना ठहरा। क्यों?

सवाल यह है जनाबेआली, कि आपके उस 'अंश' को ऐसी क्या जरूरत आन पड़ी थी? आपका अंश,...यानी, आप ही न हुए? तो, इस जीव-लोक में कुछ तो होगा यहाँ भी, जो आपको भी अच्छा

लगता होगा, जीने और बचाने लायक लगता होगा; तभी तो आप न केवल हम को—यानी अपने अंशों—जिगर के टुकड़ों—को यहाँ रात-दिन इस धरती पर पटकते रहते हैं, बल्कि कभी-कभी तो समूचे पूरे खुद भी इसी मिट्टी में उतर आते हैं और कैसी-कैसी मुसीबतें भी हमारी खातिर झेलने को तैयार हो जाते हैं। कौन ऐसा अवतार है आपका, जिसको हमसे कुछ कम भुगतना पड़ा हो यहाँ! बल्कि हमसे कहीं ज़्यादा,...बहुत ज़्यादा ही भोगना पड़ा है आपके अवतार को, मनुष्य के रूप में जन्म लेने का दंड! ऐसा तो है नहीं, कि उसे ज़रा भी रियायत बख़्शी गयी हो अवतार होने के नाते।

आखिर आप ही ने तो इस झमेले की शुरुआत कैसे हुई, इसका खुलासा करते हुए फरमाया है कि, 'मैं था तो एक; मगर बहुत होने की चाहत हुई : 'एकोऽहं बहुस्याम्'। क्यों साहब, क्यों? यह भी, कि अकेले मन नहीं लग रहा था आपका, इसलिए 'दूसरे' को पैदा किया साथ के लिए। मगर...फिर, आप उसी साँस में यह भी कहना नहीं भूलते कि 'दूसरे का दूसरापन डर भी उपजाता है'—'द्वितीयात् वै भयं'। इस उलटबाँसी का हम क्या अर्थ लगायें? यही ना, कि वह भय तभी मिट सकता है जब 'अनेक' होने के साथ-साथ एक बनने का सिलसिला भी जारी रहे। सवाल है, वह पहला 'दूसरा' कौन था, जिससे 'एक' होने के बाद ही यह 'बहुस्याम्' आपका फला? बेशक वह युग्म तो 'अपोज़िट सेक्स' से ही बना होगा। तब इसका मतलब यही न हुआ कि यह नर-नारी वाला जानलेवा आकर्षण बाद का नहीं, एकदम शुरू का—यानी इस सृष्टि की शुरुआत का ही किस्सा है। जैसा कि खुद आपने अपनी पहली-पहली किताब में ही ऐलान कर दिया है कि...'कामस्तदग्रे'...। यानी, कि खुद आपके कहे मुताबिक सबसे पहले देवता तो कामदेव ही हुए। सवाल है कि तब फिर आपने उसी पहले देवता को ही क्यों इस क़दर कोसा है—'महापेटू, महापापी, पहले दरजे का दुश्मन क्यों घोषित किया है उसे अपनी 'गीता' में? इतना ही नहीं, आपने तो

उसी गीता में यह भी कहा है अपने सबसे प्यारे शागिर्द से, कि 'तेरी असली लड़ाई तो इसी खलनायक 'काम' से है, जो बाकी सारी बुराइयों-लड़ाइयों की जड़ है।'

मगर...माई बाप! इस जड़ की भी जड़ में कौन है? सिरफ़ यह कह देने भर से कैसे काम चलेगा कि यह इन्द्रिय-मन-अहंकार वाली 'प्रकृति' तो बहुत निचले स्तर की घटिया प्रकृति है और आपकी जो खास अपनी प्रकृति है, वह 'परा प्रकृति' है—इस नीचे वाली 'अपरा' प्रकृति से एकदम अलग और ऊपर।

श्रीमान्, यह कैसा गड़बड़झाला आपने मचा रक्खा है? एक तरफ़ तो आप अपनी उस 'परा' प्रकृति को हमारी रोज़मर्रा की जानी-पहचानी प्रकृति से—यानी हवा-पानी-मिट्टी-आग-आसमान और हमारे दिल-दिमाग़ समेत हमारे समूचे वजूद को गढ़ने वाली प्रकृति से अलग-थलग किये दे रहे हैं; और, दूसरी ओर उसी को 'जीवभूता' भी बता रहे हैं। अर्थात्, जिस प्रकृति को हम जानते-पहचानते हैं, उसी को आप जीवन की सारी न्यामतों से वंचित किये दे रहे हैं। तब फिर आपका वह 'विभूतियोग' क्या हुआ जिसमें आप इसी निचले स्तर की अपरा प्रकृति की चीज़ों को—हिमालय, गंगा, पीपल, मगरमच्छ इत्यादि को अपनी 'विभूतियाँ' भी बता रहे हैं। कैसा अन्तर्विरोध है यह? एक ही झटके में आप जहाँ मन और बुद्धि का अवमूल्यन कर रहे हैं, वहीं बुद्धियोग को सबसे ऊँचा दरजा भी दिये दे रहे हैं।

और,...यह आपका बुद्धियोग भी किसलिए है? बुद्धि से परे जाने के लिए? बात कुछ जमी नहीं। बुद्धि से परे ऐसा क्या है, जिसे पाने के लिए भी बुद्धि ही लगती है? तब आप खुद अपना पता-ठिकाना वहीं का बताते हैं—'बुद्धि से परे' वाला। फरमाते हैं कि—'यो बुद्धेः परतस्तु सः'। यानी, आप कह रहे हैं कि इस सर्वव्यापी 'काम' से छुटकारा तो वहीं पहुँच के मिलेगा। आपके ही कहे मुताबिक इन्द्रियों के भीतर तो काम का डेरा है ही; मन और

बुद्धि में भी इसकी पूरी घुस-पैठ है। बल्कि सबसे ज्यादा छुपकर काम करने का—सुरक्षित और अगम्य अड्डा तो इस दुश्मन का यह 'बुद्धि' ही है जहाँ इसे ढूँढना और पकड़के मारना सबसे ज़्यादा मुश्किल होता है : ठीक वैसे ही, जैसे किसी मस्जिद में या किसी आदिवासी अभयारण्य में छुपकर अपना पैशाचिक अभियान चलाने वाले आतंकवादियों से निपटना सैनिक-अर्धसैनिक बलों के लिए भी दुष्कर होता है। तब फिर कैसे काबू पाया जाय इस पर? 'ज्ञान, कर्म और भक्तियोग से ही'—ऐसा आपका कहना है कि, "सीधे आत्मा तक यानी आप तक पहुँच हो सकती है और वही अमोघ ब्रह्मास्त्र है इस दुश्मन को जड़ से ख़त्म करने के लिए।"

अब, सवाल यह है जनाबेआली, कि वैसा सच्चा आत्म-ज्ञानी योगी तो करोड़ों में एक निकलता है। 'अनेक जन्म संसिद्धः' जिसे आप खुद बता रहे हैं। तो, जब अनेक जन्म लगते ही हैं, वहाँ तक पहुँचने में, और उन जन्मों में जिया जीवन भी अर्थ और 'काम' के सहारे ही चलना है, तो निरर्थक वह कैसे हुआ? आपने ही जो एक जगह कहा है कि...'आनन्द से ही सारे जीवों की उत्पत्ति होती है और आनन्द में ही उनका विलय भी होता है',...उसका भी आखिर कैसा-क्या अर्थ लगायें हम?

अलावे इसके, आलीजाह, ये जो कलाकार किस्म के प्राणी भी इसी दुनिया में उपजते हैं, वे तो आपके दिये जीवन-जगत् से क़त्तई संतुष्ट नहीं दिखायी देते। वे तो उसकी पुनर्रचना करने में ही अपनी जान झोंके रहते हैं। यानी, आपसे ही प्रेरणा लेकर आपसे ही होड़ करते हैं वे; सिर्फ आपकी नक़ल भर नहीं करते। तो उनका कर्म भी निरर्थक कैसे है? वह रचना-कर्म भी एक किस्म का योग ही क्यों न माना जाय? आप ही के विभूति-योग जैसा।

हमने माना, योगी महापुरुष उनसे बहुत ऊपर होते हैं। मगर अभी हाल हमने एक सिद्धाश्रम में उनकी भी बात सुनी थी। क्या कहते हैं वे—यही ना, कि, 'यहाँ तक पहुँचने में कई जनम खप

गये।' ...तो परवरदिगार! आखिर जब इस कोटि के तपस्वियों तक को माया व्यापती है तो हम सरीखों की क्या बिसात है, जो इतनी आसानी से छूट निकलेंगे! हमारे लिए आपका क्या हुक्म है? हमसे तो प्रकृति का तिरस्कार सधेगा नहीं। और...फिर, आपकी ही विभूतियों से—हम ऐसे कैसे मुँह मोड़ सकते हैं? आप ही ने तो हमको जीवन-समुद्र को मथने की सीख दी है—दी है कि नहीं? यह भी, कि उसमें अमृत तो जब निकलेगा, तब निकलेगा; पहले यह विष तो ग्रहण करो : नीलकंठ—अमरकंठक बनके। जब आप खुद साक्षात् उदाहरण बनके हमको दिखा रहे हैं, तो हमारी क्या बिसात, कि हम इस मंथन से कतरायें या कि तौबा कर लें।

एक बात और।...यदि हम आपके ही 'अंश' हैं, तो हममें 'पूर्ण' की प्यास भी होगी ही। उसकी पूर्ति का एक साधन क्या अपने ही सरीखे एक दूसरे अ-पूर्ण 'अंश' से जुड़ना भी नहीं हुआ? उसमें भी सर्वाधिक खिंचाव उसी के प्रति न होगा जो हमसे सर्वाधिक अलग और 'अपोज़िट' है? कामदेवता भी क्या एक निचले स्तर पर ही सही, आपका ही काम नहीं कर रहे हैं? 'दुई' को, द्वैत को ही नहीं मिटा रहे हैं? तो, यह जो प्रेमपिपासा है, वह क्या है? उसे भी आपके ही अनुग्रह की तरह, प्रसाद की तरह हम क्यों न ग्रहण करें?

परन्तु...यहीं पर बड़ा पेंच है। जैसा कि अपना वह फ्रेंच बिरादर कामू कहता था कि 'प्रेम खोजना है तो दाम्पत्य में ही खोजो; क्योंकि वही एक जगह है जहाँ भ्रान्ति की कोई गुंजाइश नहीं है।' तो, वह क्या है? ...हमने माना, कि प्रेम-प्रसंग ज्यादातर भ्रान्ति ही साबित होते हैं; लेकिन, अगर हमारे जैसा कोई बाउल, अर्थात—प्रेमनगरी का कोई पक्का नागरिक भी—दाम्पत्य नाम की परीक्षा में—पूरे प्रयत्न के बावजूद फेल हो जाए तो...? उसका क्या होगा? विशेषकर, ऐसा नागरिक, जिसके जन्मना दुर्बल और क्षतिग्रस्त

आत्मविश्वास को किन्हीं मा-छाप या प्रेयसी-छाप स्त्रियों ने ही किसी क़दर पनपाया और पोसा हो।

परवरदिगार! आप तो अब यही कहेंगे ना, कि..."अरे अभागे! जो भी हुआ, तेरे भले के लिए ही हुआ। तू निहायत बेवकूफ़ और अहसानफ़रामोश है जो अपनी ख़ुशक़िस्मती को ही बदक़िस्मती माने बैठा है। तुझे क्या पता, प्रेम होता क्या है! तू जिसे प्रेम समझता है, वह एक सूक्ष्म अहं-लीला के सिवा और कुछ नहीं। तृप्ति वहाँ कहाँ? तुझ सरीखे मनुष्य की जो प्यास है जो लालसा है, वह तो असीम और अनन्त की लालसा है; भला एक ससीम दूसरे ससीम को क्या सुख दे सकता है? ...अपना भाग सराह, कि तुझे ऐसी जीवन-संगिनी नसीब हुई, जिसने तेरे अहंकार को चुपड़ने-पोसने की बजाय उसका जाने-अनजाने पक्का-पूरा और सही-सही इलाज कर दिया : दूसरों पर निर्भर रहते हुए, दूसरों पर अपना सारा बोझ डाल के निश्चिंत हो रहने की तुझे जो लत-सी पड़ी हुई थी बचपन से, वही लत उसने एक ही झटके में छुड़ाके रख दी। तेरी जाने कितनी सारी ग्रंथियाँ एकबारगी ढीली कर दीं। अलावा इसके, तेरा सारा योग-क्षेम वहन करती रही : असली योग-क्षेम, ना कि फालतू का अहं-पोषक योग-क्षेम। आखिर तुझे अपने चुने हुए ख़ब्त में चौबीसों घण्टे ग़र्क रहे-आने की सुविधा भी तेरे लिए किसने जुटायी? उसी ने न?' ...भूल गया? कैसे भूल गया? 'क्रतो स्मर', अभागे! 'क्रतो स्मर' ।"...

जो हुक़्म परवरदिगार। आपसे मुझे यही सुनने की उम्मीद थी। आपके इस उत्तर से मुझे समाधान न सही, कुछ न कुछ सुकून तो हासिल हुआ ही। कुछ ऐसा भी, जो मैं अपने आप नहीं समझ सका था। आपने मुझे जतला दिया अपने ही लट्ठमार तरीके से, कि तपस्या केवल वही नहीं होती, जो ऋषि-मुनियों के खाते में जाती

रही है। गृहस्थाश्रम भी तपस्या ही है। यह अर्थ भी मुझे आपके कहे-अनकहे दोनों से मिला। मुझे कृतज्ञ होना चाहिए और मैं हूँ, सचमुच कृतज्ञ हूँ, कि आपने मुझे गृहस्थाश्रम की देहरी पर ही वानप्रस्थाश्रम में प्रवेश की पात्रता हासिल करवा दी। निस्सन्देह थोड़ा स्खलन या प्रमाद भी मेरी अब तक की जीवन-चर्या में खोजने वाले खोज ही ले सकते हैं। किन्तु,...एक दुर्बल मानवजीव से वैसे 'निष्कम्प लौ' सरीखे आचरण की अपेक्षा आपकी 'महाकरुणा' कैसे कर सकती है? जान रहते 'जड़भरत' में कैसे बन सकता था? जितनी लगाम कसना एक ज़िन्दादिल और ज़िन्दादिमाग़ जीवात्मा के लिए सम्भव है, उतनी लगाम तो मैंने भरसक कसके रक्खी ही ना? ढील दे-देकर भी आखिर कितनी ढील दी मैंने खुद को?—कितनी?

अध्याय तेईस

अनु!

तीन दिन...तीन रातें...इस कोरे पन्ने पर झुके-झुके बीत गयीं...एक शब्द तक नहीं लिखा गया। कैसे क्या लिखूँ अनु, जब शब्द हैं ही नहीं उस भाषा में, जो तुम्हारे-मेरे बीच संवाद की... आत्म-विनिमय की...भाषा थी। 'थी' नहीं, है। 'थी' लिखते-लिखते मेरा कलेजा मुँह को आ गया। कोई और भाषा काम नहीं देती अनु,...फिर मैं क्यों जानते-बूझते असम्भव को ही सम्भव करने को छटपटाता रहा हूँ।

जबकि, जानता था, जानता हूँ—शब्द बने ही नहीं वह सब कहने के लिए—तुमसे और तुम्हारे माध्यम से इस दुनिया और इसके सिरजनहार से! अनु! क्या तुम सुन रही हो, जो मैं कहना चाहता हूँ? क्या तुम्हें इसकी दरक़ार भी है सच्ची में? देखो ना, किस तरह तुम्हारा 'सच्ची में' मेरे 'सचमुच' के सिर पर चढ़के बोलने लगा!

नहीं है—मैं जानता हूँ। यह डायरी...नहीं, यह चिट्ठी तुम्हें—सिर्फ तुम्हें सम्बोधित करके ही लिखी जा सकती है। फिर भी...कहीं गहरे में मैं जानता हूँ तुम्हें इसकी कोई खास ज़रूरत भी नहीं है। अनु, तुम तो ईश्वर में सहज विश्वास करनेवालों में हो। ऐन इस वक़्त तुम मेरे लिए उसी की जगह हो। तभी तो, उससे बात करते-करते—बात करने की कोशिश करते-करते...अचानक मैंने पाया, कि मैं तुमसे बात करने लगता हूँ। मैं सहजविश्वासी नहीं हूँ अनु। इसीलिए, कभी डायरी, तो कभी चिट्ठी लिखने की ज़रूरत महसूस करने लगता हूँ—मानो, मेरे लिखते-लिखते ही वह असम्भव

सम्भव हो जायगा—मानो, मेरे पुकारने से ही वह अनुपस्थिति प्रत्यक्ष हो जाएगी। 'वह' कौन? वही, जो तुम्हारा-मेरा-सबका एकमात्र स्रोत है और गन्तव्य भी। जिससे हम चाहें, तो भी पिण्ड नहीं छुड़ा सकते...

और,..."जिस पर यक़ीन करना उसके होने न होने पर कदापि निर्भर नहीं है"।...

अनु! तुमसे मिलने के पूर्व क्या मुझे तुम्हारे होने पर विश्वास था? विश्वास तो दूर, क्या मैं कल्पना भी कर सकता था कि अभी भी इस पृथ्वी पर मेरे लिए कोई ऐसी स्त्री मौजूद हो सकती है—जीती-जागती, साक्षात्—जो मेरे रोम-रोम में बसी हुई प्यास का पता पा सकती है। पता दे सकती है उसका खुद मुझको। जो उस जाने कब से मूर्च्छित पड़ी पातालवासी प्यास को इस तरह मेरे समूचे होशोहवास में जगा सकती है और न केवल जगा सकती है, अपितु उसका भरपूर प्रत्युत्तर भी दे सकती है?

तुमसे मिलने के पूर्व मैं कल्पना भी नहीं कर सकता था कि मेरे जीवन में—जीवन की इस सान्ध्य-बेला में ऐसा भी चमत्कार घटित हो सकता है।

ऐसा चमत्कार अनु,...जीवन में केवल एक बार घटित हो सकता है। उसे दोहराने-तिहराने की—या बाँधके, पकड़के अपने लिए सुरक्षित कर लेने की लालसा-उत्कण्ठा ही मानो उसे अनहुआ कर देगी—ऐसी ज्वलन्त अनुभूति को भी क्या कोई नाम दिया जा सकता है?

नहीं ना? ...फिर भी यह कैसी लाचारी है इस मानवजीव की, जो उस अकथ्य को भी कहने की हठ ठाने है! अनु, तुम्हें कुछ स्मरण

है? ...क्या यह वार्तालाप हमारे बीच पहले भी कभी घटित हो चुका है।...एक अस्फुट, अनर्गल-सा आत्मालाप, जिसमें किसी मर्मान्तक सचाई के साक्षात्कार सरीखा कुछ कौंध गया था, जो अपनी निपट-निरी तात्कालिक प्रत्यक्षता में ही मुझे दहला गया था...

अनु, तुम मेरे बारे में, या मैं तुम्हारे बारे में आखिर कितना क्या जानते थे? पर क्या यह प्रश्न ही बिलकुल बेमानी और अनर्गल नहीं हो चुका था उसी क्षण? ...

तब फिर उसके आगे-पीछे का भी क्या अर्थ रह जाता है? ...मैं यह तुमसे—नहीं, तुमसे नहीं, उससे—जिसके हाथ में हमारी साँसों की डोर है—उसी से पूछता हूँ : क्या तुम्हारा दिया यह जीवन—जैसी भी, जिन भी शर्तों पर वह दिया गया है...वह क्या ऐसी कामना की अनुमति तक देता है : उस 'अपूर्व' को भी पकड़ने और शब्दों में बाँध लेने की?

नहीं अनु, नहीं देता। नहीं दे सकता। क्यों देगा?

क्या तुमने-मैंने कभी कल्पना भी की होगी कि ऐसा भी कोई संयोग हमारे इसी जीवन में घट सकता है?

सब कुछ—समूचा घटनाचक्र ही किस क़दर अभूतपूर्व और... अविश्वसनीय? ...

फिर भी...उससे अधिक प्रत्यक्ष-संवेद्य और ज्वलंत सत्य क्या होगा? क्या हो सकता है, जो हमने उस संयोग की नोक पर ही जिया?—अपनी इन्हीं नस-नाड़ियों से, अपनी इन्हीं-इन्हीं आँखों-कानों और साँसों से—जो—अपने तब तक के जिए और भोगे हुए की साखी पर से कहूँ तो,—ऐसे अतलान्त अनुभव के लिए मानो बनी ही नहीं थीं; जो अपनी रोज़मर्रा की अभ्यास-जड़ सीमाओं के परे मानो कुछ ग्रहण ही नहीं कर सकती थीं, झेल ही नहीं सकती थीं। ...मानो, कि उनकी यह सीमाबद्धता और क़ैद ही हमारे ज़िन्दा रहे आने की अनिवार्य शर्त हो!

अनु! मैं उस अनुभव को—उस असम्भव को भी सम्भव कर देने वाले अनुभव को भी किसी क़दर कहने की कोशिश क्यों कर रहा हूँ? ...क्या इसीलिए, कि मुझ सरीखे लोगों के लिए यह 'कहने' की छटपटाहट भी सचमुच 'होने' से—अपने जिये हुए को भी यथातथ्य फिर से प्रत्यक्ष कर लेने की अन्तर्विवशता से ही—जुड़ी हुई है? ... मेरे होने और होने के बीच ही यह जो फाँक है—जिसे तुम नहीं जानतीं—क्या मैं उसी को सम्बोधित कर रहा हूँ इस चिट्ठी में?

नहीं अनु, नहीं! परन्तु...जाने क्यों मुझे ऐसी जरूरत महसूस होती है कि...जो कुछ मुझे हुआ, जो कुछ मुझे होता है...और होता रहेगा—उसका तुम्हें साक्षी बनाये बिना मेरी गुज़र नहीं। कल ही नहीं पड़ती मुझे बिना तुम्हें पुकारे...बिना तुम्हारा आवाहन किये।...

अनु, यह चिट्ठी पता नहीं तुम तक कब पहुँचेगी—कभी पहुँचेगी भी कि नहीं? फिर भी मुझे यह लिखते-लिखते ही क्यों लगता रहा है जैसे, कि पहुँच गयी? ...यह कृतार्थता की अनुभूति ...इसे क्या कोई कभी भी मुझसे छीन ले सकता है? हाँ अनु, यह महज़ मेरी भावनाओं का विरेचन भर नहीं, सच्चे मानों में कृतार्थता है 'कृत-ज्ञ'ता है। मुझे पता है...और इस ज्ञान से, इस अहसास से मुझे कोई वंचित नहीं कर सकता कि कोई है, इस दुनिया में, जिसके भीतर, जिसके अन्तःकरण में मैं पूरा और समूचा सही हूँ : पूरा और समूचा सही। और वैसा ही रहा आऊँगा।

जैसे कि तुम भी मेरे भीतर, मेरे अन्तःकरण में, पूरी-समूची सही हो और पूरी-समूची सही रही आओगी सदैव।

यह कैसा सुख है—कैसा अतुलनीय और अनिर्वचनीय सुख—यह जानना और जाने रहना, कि कोई है, जिसके भीतर हम पूरे हैं, सही हैं—ग़लत समझे जाने या ग़लत हो जाने की हर सम्भावना, हर आशंका से मुक्त और परे...।

इस चरम-परम स्वीकारोक्ति के साथ ही मैं तुम्हारे और नीतीश के बीच पड़ सकने वाली उस परछाईं को सदा-सदा के लिए मिटा देना चाहता हूँ, जिस परछाईं के कारण कभी भी कुछ भी ऐसा अवांछित-अनिष्ट घट सकना सम्भव हो—जैसा अवांछित-अनिष्ट भी हमारे हिस्से में आना ही था और आया। मैं उस परछाईं की अच्छी तरह झाड़-फूँक कर डालना चाहता हूँ : उन दुर्लभ्य वरदानी क्षणों की स्मृति को—नहीं, स्मृति को नहीं, वास्तविकता को—अक्षुण्ण बनाये रखने की ख़ातिर ही,—जो हमने-तुमने साथ-साथ जिये। तुम जो सेतु बनी थीं—मुझे मुझी तक पहुँचाने के लिए—और...कदाचित् मैं भी, तुम्हें तुम्हीं तक पहुँचाने के लिए...क्या ऐसा नहीं लगता अनु, कि अब हमें किसी सेतु की जरूरत नहीं? इन्द्रधनु की तरह उसका अन्तरिक्ष में विलीन हो जाना ही उसकी सार्थकता थी और है।

बस तो,...अलविदा...अनु!

नहीं-नहीं! 'अलविदा' जैसे शब्द भी अप्रासंगिक हो चुके हमारे बीच। इस क़दर निजी-वैयक्तिक और इस क़दर निर्वैयक्तिक एक साथ एक ही साँस में हो जाना हर किसी के भाग्य में नहीं होता अनु। हर किसी के क्या, स्वयं विधाता ने जिन्हें चुना ऐसे असम्भव वरदान के लिए—वे भी क्या सदा-सर्वदा आश्वस्त रह सकते हैं इस बारे में, कि सचमुच...'सच्ची में', उनके साथ ही घटा था वैसा कुछ?

जाने कहाँ किस अलक्ष्य से एक काव्यपंक्ति तीर की तरह सनसनाती हुई आकर मुझे आर-पार भेद गयी है।...तुम्हें याद नहीं? तुम्हीं ने तो पढ़ायी थी, सुनायी थी मुझे यह कविता किसी बहुत-बहुत बड़े आधुनिक कवि की...

'सिन्स व्हॉट इज कैप्ट मस्ट बी एडल्टरेटेड...' (इस संसार में कोई भी कैसी भी वस्तु कैसे भी अनुभूति बिना मिलावट किये अपनी मौलिक शुद्धता में यथावत् नहीं रक्खी जा सकती।)

क्या यह भी जीवनानुभव की ही दारुण सच्चाई नहीं है अनु?

यह विडम्बना, जो जीवन-मात्र के साथ ही लगी-लिपटी हुई

है अनादिकाल से!

मगर...अनु, क्या इसके बावजूद—इसी त्रासद तथ्य के भीतर से ही—हमारी इस प्रतीति को भी आधार नहीं मिलता कि जब वह कौंध सच्ची थी तो उसका सच्चा और अखूट स्रोत भी कहीं न कहीं अवश्य ही होना चाहिए—जहाँ से वह कौंध लपक कर हमारे समूचे मन-प्राण को मथती हुई हमारे अस्तित्व को आलोकित कर गयी थी। अनु! इससे क्या फर्क पड़ता है कि हम उसे पकड़ या बाँध नहीं सकते; और बिना मिलावट के उसे यथावत् सुरक्षित रख भी नहीं सकते? कि...हमारे हाथ में नहीं होता सब कुछ।

परन्तु,...अनु, ऐसा भी तो नहीं कहा जा सकता कि हमारे हाथ में कुछ है ही नहीं। तुम क्या सोचती हो? मैं जानता हूँ तुम भी यही सोचती होगी। तुम्हीं से तो बातों-बातों में पता चला था मुझे एक बार—तुम्हें याद है? क्या? ...कि तुम भी कभी-कभी डायरी लिखती हो। कितना उल्लसित-रोमांचित हो उठा हूँ मैं, एकाएक वह बात याद आ जाने से! सच में, मेरे ध्यान से ही ओझल हो गयी थी वह बात। सच्ची में...अनु, डायरी बहुत ही काम की चीज़ है। मुझे तो कभी-कभी लगता है जैसे मैंने ही खोज की हो इसकी। सच्ची में ...मैं तो यूँ ही अकस्मात् इसमें पड़ गया। और जब एक बार पड़ ही गया तो फिर तो वह मेरी अनिवार्यता ही बन गयी। पता नहीं, तुमसे यह बात करने की मुझे क्यों सूझी? कभी पहले भी हुई थी ऐसी बात हमारे बीच? हाँ हुई तो थी एक बार। अरे हाँ, उसी दिन तो यह भेद भी खुला कि तुम भी डायरी लिखती हो। तुमने खुद भले नहीं बताया मुझे—मैं भी तो न बताता। अनु, सच मानो, तुम्हारे सिवा कोई नहीं जानता कि मैं डायरी भी लिखता हूँ। तुम्हें भी तो कैसे पता चलता! वह तो अचानक जिस दिन—जिस शाम तुमने मेरे उस जंगली एकान्त पर छापामार हमला किया—वहीं मेज़ पर ही तो रक्खी हुई थी वह डायरी, जो तुमने झपट ली और तब एकबारगी मेरा भेद तुम पर प्रकट हो गया। तुम्हारे हाथों का स्पर्श मिला है

आखिर इसे—क्या यह साधारण बात है? मैंने तो देखी तक नहीं तुम्हारी डायरी : मैं तो इतना भाग्यशाली नहीं। तब फिर मैं कैसे जान गया तुम्हारा यह भेद? तुमने तो कभी खोला नहीं। तुम्हारे अनजाने ही खुल गया। है ना? सुनो अनु! मैं कोई लेखक नहीं, कुछ भी नहीं। मैं तो यह भी नहीं जानता कि तुम्हारे 'लिटरेचर' में जो लोग डायरी लिखने के लिए ही मशहूर हैं, उनकी डायरी कैसी होती होगी, कैसे लिखते होंगे वे? पर मेरी इस अन्तरंग संगिनी और मेरे बीच कोई 'लिटरेचर' नहीं है।

मैं आखिर क्यों इतना उत्तेजित हो रहा हूँ? ...आदमी अपने ही अनुभव से तो दूसरे के अनुभव की भी थाह पाता है ना, इसीलिए। मेरा अकेलापन, मेरी रिक्ति, मेरी छटपटाहट, मेरा सब कुछ...अनु, तुमने, केवल तुम्हीं ने देखा है। कोई भी अन्य उसका भेद नहीं पा सकता था जो तुम्हारे सामने पलक मारते उंजागर हो गया। मैंने सोचा नहीं था कि मैं बहकने लगूँगा अचानक इस तरह...। मुझे क्या हो रहा है अनु? पता नहीं, मैं क्या बक रहा हूँ। पर...तुम्हारे आगे कैसी शर्म, झिझक कैसी, अनु।...मुझे तो अपने पुरुष होने का भी भान तक खो जाता था तुम्हारे पास...। कैसी अदला-बदली सी हो जाती थी अनु—हमारी अलग-अलग हस्तियों की...जब हम एक-दूसरे में डूबकर अपनी सारी सुध-बुध खो बैठते थे?

अनु! मुझे पढ़ने दोगी कभी अपनी डायरी? ...उफ़, कितनी फालतू लगने लगी है, मुझे तुरन्त ही अपनी यह बात। अनु! मैं क्या कह रहा था, जब यह डायरी निगोड़ी नहीं आ टपकी थी हमारे बीच? ...हाँ, मैं तुमसे यही तो कह रहा था या कहने वाला था कि भले बहुत कुछ ऐसा है इस बेहद क्रूर और त्रासभरी दुनिया में, जिस पर हमारा कोई वश नहीं,...पर ऐसा भी तो नहीं कहा जा सकता कि हम नितान्त ही असहाय हैं—नियति के खिलौने भर...और हमारे हाथ में कुछ नहीं है। है अनु, है। वह उज्ज्वलता, वह कौंध क्या

इसीलिए हम पर वरदान की तरह आ टूटी थी कि हम उसके पहले जो अन्धकार था—उससे भी ज़्यादा घटाटोप अन्धकार में गुम हो जाएँ—गुम हो जाने दें अपने को?

नहीं, बिलकुल नहीं अनु। सौ बार नहीं, हजार बार नहीं। वो क्या कहा है तुम्हारे वर्ड्स्वर्थ ने—क्या नाम था उस अद्भुत कविता का, जो तुमने मुझे सुनायी थी—हमारे आरण्यक पर्व के आरम्भ में ही—शायद पहले-पहले दिन ही।...हाँ, याद आया—'इंटिमेशंस ऑव इम्मौलिर्टेटी : रिकलैक्संस ऑव चाइल्डहुड'....यही तो नाम था ना, उस कविता का! और वह पंक्ति यही न थी?

'व्हिच हैविंग बीन मस्ट ऐवर बी'...

जो हुआ, सचमुच हुआ-घटा, इसी जीवन में, इसी-इसी देह-मन-प्राण में,...वह मिटेगा नहीं, सदा-सदा साथ ही रहेगा हमारे। वही तो एक 'नित्य' है हमारे इस अनित्य जीवन संसार में। इस 'मैं हूँ' की सदाजाग्रत प्रतीति के अलावा।

तो फिर...'अलविदा' कैसी अनु? कोई अलविदा नहीं। तुम्हारी मातृभाषा में क्या कहते हैं किसी से विदा लेते वक़्त? 'आवजो'—है ना? यानी, जाते हैं, ऐसा नहीं, बल्कि, आइयेगा, पधारियेगा फिर...

तो...आओ अनु, पधारो पुनर्नवा होकर मेरे इस नये जीवन में...और मेरी बाँह थामो और मुझे ले चलो उसी अखूट, उजाले के स्रोत की ओर,...जिसकी एक कौंध ही हमें आप्लावित कर गयी थी।...क्या वह संकेत नहीं था नियति का? हमारी अवश्यंभावी नियति का? ...

...कि, हमारा घर वह नहीं, जहाँ हम रह रहे हैं, बल्कि दूर कहीं उस उजाले के स्रोत की दिशा में, कहीं और है। कहीं और।

तुम्हारा,...नहीं, उसका—और उसी के कारण तुम्हारा...जिसके अवढरदानी अनुग्रह से हमने 'एक' होना क्या होता है, इसे जाना था।

'उस माया की छाया में
कुछ सच्चा स्वयं बना था।'

तो...जियो मेरी अनन्या! मेरी बाकी उम्र भी लेकर जियो—समूची गरिमा और दीप्ति के साथ।...और,...वही हो जाओ, जो तुम अपने अन्तर के भी अन्तरतम में सदा-सर्वदा हो।

क्योंकि,...वही तो हमारे 'होने' का, हमारे 'एकजान' होने के अनुभव का भी एकमात्र अर्थ है। बिना इस 'भव' के अनुभव कैसा?

तुम्हारा ही
'अनु-भव'

....

परिशिष्ट

प्रिय अनामगिरि महोदय,

लीजिए, जो काम आपने मुझे सौंपा—वह मैंने जैसे-तैसे निबटा दिया है। आशा है, आपको कुछ तो इससे संतोष हुआ होगा। आपने पत्र भी लिखा था मुझे, उसका उत्तर भी तो मुझे देना चाहिए ना? वह मैं शुरू में नहीं, आखिर में टाँके दे रहा हूँ—इसलिए कि काम पूरा हो जाने पर ही आपके पत्र का उत्तर देने का कोई मतलब होता। यों उत्तर की आपको अपेक्षा भी न होगी शायद। पर, शिष्टाचार का तक़ाजा है कि जब आपने मुझे पत्र लिखा ही है, तो उसका उत्तर भी अलग से मुझे देना ही चाहिए। जो अभी तक आपने पढ़ा है—वह तो पत्रोत्तर नहीं ही हुआ ना!

अलावे इसके—भूमिका, जो इस किताब में है, वह किसने लिखी? आपने तो नहीं ना? तो फिर भूमिका जिसने लिखी है, उसी को 'उपसंहार' भी लिखना चाहिए कि नहीं? मगर, उपसंहार इस कहानी का मैं कैसे करूँ? मुझे क्या पता, जिन चरित्रों की यह चरितकथा है, वे कहाँ हैं, कैसे हैं, क्या होगा उनका? यह तो जिसने मूल रूप से यह कथा कही है—कथा क्या, आत्मकथा—उसी अनामगिरि का लफड़ा है ना! मगर...मुझे क्या पता, वे कौन हैं, कहाँ हैं और क्या कर रहे हैं। तो अपनी भूमिका में मैंने जो आपकी मुझे सम्बोधित चिट्ठी भी शामिल की है, उसी का जवाब जैसा कुछ अगर मुझसे अपेक्षित है, तो वही हो सकता है उपसंहार इसका। नहीं, उपसंहार तो वह कैसे होगा?—मगर एक औपचारिक स्तर पर फर्ज-अदायगी जैसा कुछ तो होगा। वृत्त भी पूरा हो जायगा अक्षरशः। कि जिस

बिन्दु से चले थे, वहीं वापस पहुँच गये। असली लेखक और यह फ़र्जी लेखक—चलिए फर्जी न भी सही, संशोधक या पुनर्लेखक कह लीजिए—वे दोनों फिर से आपस में—नाममात्र को ही सही—मिल तो गये।

आखिर उस भूमिका में सबसे ज़रूरी चीज़ क्या थी? आपकी मुझे लिखी चिट्ठी ही न? तो, उस चिट्ठी में जो काम लिखा था, वह जब पूरा हो गया तो, अन्त फिर इसी पत्रोत्तर से ही न होगा? ...कि, 'लो भई, तुम्हारा काम कर दिया। अब तुम इसे देखो—पढ़ो और बताओ तुम इससे संतुष्ट हो कि नहीं?'

मगर यह पत्रोत्तर आप तक पहुँचेगा कैसे? आपका कोई नाम-पता तो है नहीं मेरे पास।

क्यों? ...जैसे मुझे आपका पत्र मिला—आपकी आत्मकथा की ही भूमिका के भेष में—उसी के साथ लगा-लिपटा—वैसे ही यह मेरा पत्रोत्तर भी अब आपकी आत्मकथा के ही इस पुनर्जन्म के साथ नत्थी होकर—यानी उसके उपसंहार की तरह आपको मिल सकता है और मिलेगा। आखिर आप ही ने न मुझे बताया है कि अपनी चिट्ठी में, कि आप मेरा हर उपन्यास खरीदके पढ़ते रहे हैं?

तो इसे भी क्यों नहीं खरीदेंगे? ज़रूर खरीदेंगे—यह मैं मानकर चल रहा हूँ।

बशर्ते...इस बीच कहीं कुछ दुर्घट न घट गया हो। उफ़!...यह मैं क्या कह गया।...पर...क्या ठिकाना इस ज़िन्दग़ी का।...जहाँ किसी के भी साथ, कहीं भी, कभी भी कुछ भी हो सकता है। कुछ भी घट सकता है।

बहुत ही उदास...बहुत ही त्रासदायी कथा है आपकी, अनामगिरि महोदय! यूँ,...मैं तो यही मानता हूँ—कि जिस तरह आपने अपने परवरदिगार को, और उस 'अनु' नामधारी मोहिनी माया को टेरा है—जिस विह्वलता के साथ,...दोनों ने आपकी कुछ न कुछ मदद अवश्य की होगी। मगर...पता नहीं क्यूँ, इस बारे में मेरा मन आश्वस्त नहीं हो पा रहा।

कहानी में एक मुक़ाम पा लेना एक बात है : वास्तविक जीवन में ऐसी परिस्थिति से पार पा लेना—उससे उबर आना सचमुच—बिलकुल दूसरी बात है।

आप एक 'अच्छे आदमी' हैं—इतना तो आपके इस 'लिखे हुए' से ही मुझे पता चल गया। पर 'अच्छाई' कोई कवच-कुंडल तो है नहीं, जो आदमी को हर आपदा से बचा ले! आपकी आपदा मामूली आपदा नहीं है—यह मैं कोई आपकी जन्मकुंडली या हथेली देखके नहीं, आपकी यह आत्मकथा पढ़के जानता हूँ। जिस तरह आपने मेरा कच्चा-चिट्ठा पढ़ लिया था संयोगवश, उसी तरह अब आप मेरे सामने भी निरावरण हैं। सवाल यह है कि, क्या कोई आदमी महज़ अपनी त्रासदी को लिख देने भर से उससे छुटकारा पा ले सकता है? आपने मुझे लेखक के बतौर इतना मान-सम्मान दिया—इस क़दर मुझ पर भरोसा किया—आपका बहुत-बहुत शुक्रिया। मगर...जिस छुटकारे की बात आंपने की है, जो मैं भी कर रहा हूँ इस वक्त आपसे बात करते हुए—वह, यकीन मानिये, किसी बड़े से बड़े लेखक के भी बस की बात नहीं है। साहित्य, मैंने माना, आपकी ही तरह—कि बहुत बड़ी न्यामत है। मगर उसकी भी एक सीमा है, जिसके आगे वह उतना ही निरुपाय सिद्ध होता है, जितना कि आपने अपने को बताया या जताया है। पर आपने अपनी इस आत्मकथा में किसी एक दूसरे रास्ते की भी तो चर्चा की है—किसी सन्त पुरुष या सिद्ध गुरु या आश्रम का भी ज़िकर किया है—ज़िकर क्या, एक संकेत भर किया है। मुझे उसी में दिलचस्पी है। मैंने आपका कहा किया—इस चक्कर में छह कीमती महीने अपने पूरे के पूरे झोंक दिये। तो...क्या इस परिश्रम के लिए आप मुझे इतना भी पारिश्रमिक नहीं देंगे। आप हो सकते हैं फलासक्तिनिरपेक्ष। पर, मैं बिलकुल नहीं हूँ।

अपनी सारी घोषित अनास्था और मसखरेपन के बावजूद, आप कुल मिलाकर मुझे 'आस्था' वाले आदमी ही जान पड़ते हैं। न

सही आस्था वाले, मगर...आस्था पाने की पात्रता वाले तो कम से कम आप हैं ही। जबकि, जहाँ तक इस आपके लेखक-बन्धु का प्रश्न है—जिस पर आपने इस क़दर भरोसा किया—वह तो ऐसी आस्था से एकदम ही महरूम है। और सच मानिये, वह लेखक भी इसीलिए, इसी कारण है कि वह आस्था से वंचित है।

तो...यह मेरी महज़ दिलचस्पी नहीं, निहायत ही संगीन, सीरियस स्वार्थ का मामला है कि आप मुझे सही-सही, साफ़-साफ़ जताएँ कि क्या आप सचमुच उबर चुके हैं उस सारे घटना-चक्र से? क्या किया आपने? मैं तो सिर्फ एक बात जानता हूँ—वह यह, कि अपनी आत्मकथा में जो आपने यह विश्वास व्यक्त किया है कि आपकी वह 'अनु' ही आपकी वह गुरु है जो उतनी दूर बैठे-बैठे ही आपका उद्धार कर देने वाली है—यह निहायत आपकी कल्पना या सदिच्छा भर है—उसमें कोई दम नहीं है। आज तक न कभी ऐसा हुआ, न होगा। तंत्र-वंत्र बेकार है—आप खुद कह रहे हैं कि उसमें आपका रत्ती भर भी विश्वास नहीं हैं। तो जब आपका ही नहीं है, तो मेरा कैसे होगा? तब फिर तंत्र भी नहीं, मंत्र भी नहीं—कुछ भी नहीं, तो आप किस बूते इतनी बड़ी उम्मीद का सुर छेड़ रहे हैं और उसी सुर पर अपने पाठक से—मुझसे भी—विदा ले रहे हैं?

अच्छे आदमी! आप ज़रूर मुझसे कुछ छुपा रहे हैं। मुझसे यानी अपने लिखे हुए के पुनर्लेखक से ही नहीं, बल्कि अपनी आत्मकथा के सारे संभाव्य पाठकों से। और खुद अपने-आपसे भी।

और,...उस अनु से भी।

हो सके तो फौरन चिट्ठी लिखिए मुझे। मेरा नाम-पता इसी किताब में छपा है। आप अपना नाम-पता बेशक मुझे जाहिर मत करिये। जैसे कि, अनु पर भी नहीं किया है आपने—मुझे विश्वास है।

पर...क्या सचमुच...सचमुच आप अनु से छुटकारा पा चुके हैं? यानी, कि जैसा आपने अपने उपन्यास के अन्तिम अनुच्छेद में लिखा है—वैसे ही क्या आप सचमुच उसे अपनी मार्गदर्शिका यानी

गुरु स्थानीय के रूप में चरितार्थ कर चुके हैं?

मुझे यक़ीन नहीं है। आइ डाउट। मुझे तो यह आपकी मनमानी सदिच्छा ही लगती है—कोई ठोस हक़ीकत नहीं।

निश्चय ही आपने कोई और शरण पा ली है। किसी सद्गुरु की। मुझे इस पर कोई ऐतराज़ नहीं। न अनु को ही हो सकता है। कि, आपने अपना रास्ता चुन लिया है और पा भी लिया है।

पर...वह है क्या?

माना मैंने—यह नितान्त गोपनीय बात है। फिर भी...फिर भी...अपने ही जैसे किसी सुपात्र के साथ उसका साझा करना क्यों स्वाभाविक नहीं? आपके सिद्धगुरु ने भी तो आपकी सुपात्रता के बारे में आश्वस्त होने के बाद ही आपको उस जीवन-रहस्य में दीक्षित किया होगा ना! तब फिर आप अनु से...और अपने इस लेखक बन्धु से भी...उस जीवनदायी और अर्थदायी चीज़ का साझा क्यों नहीं कर सकते? क्यों नहीं करना चाह सकते? जिस व्यक्ति पर आपको इस क़दर भरोसा है कि आप उसे गुरु की जगह बिठाने पर तुले हैं, वह क्या आपकी शिष्य बनने की भी पात्रता नहीं रखती? यह कैसी उलटबाँसी हुई, कैसा पैराडॉक्स? और, जिस दूसरे व्यक्ति पर...यानी इस लेखक पर आपने इस क़दर भरोसा किया कि अपना समूचा वृत्तान्त उस पर निछावर कर दिया—सब कुछ उसीके नाम कर दिया—वह भी कैसे आपके इस पुनर्जन्म का—यानी इसी देह से इसी देह में मुक्ति पाने का—राज़दाँ बनने का पात्र नहीं?

क्या यह आपका अन्याय नहीं—अनु के प्रति और इस लेखक-बन्धु के प्रति भी?

आशा है आप समझेंगे और समय रहते, इस चूक को दुरूस्त करने के लिए यथोचित क़दम भी उठायेंगे।

आपका

लेखक बन्धु

•••